부처는
이렇게
말했다

Shaka no Meigen Hyakuhachi no Chie; Kyo wo Iki Ashita heno Kibou wo Hiraku Shishin

Copyright ⓒ 1984 Kodo Matsunami All rights reserved.

This Korean Language edition is published in care of FORTUNA Co., Ltd., Tokyo through AMO Agency, Korea.

이 책의 한국어판 저작권은 AMO에이전시, FORTUNA에이전시를 통해 저작권자와 독점 계약한 (주)바다출판사에 있습니다.
저작권법에 의해 한국 내에서 보호를 받는 저작물이므로
무단 전재와 무단 복제를 금합니다.

부처는
이렇게
말했다

마쓰나미 고도 지음
최성호 옮김

바다출판사

서문
석가가 걸어간 구도(求道)의 길

'불교'라고 하면 지금까지도 많은 사람이 사후 세계에 관한 가르침이나 장례 의식 정도로 생각하는 것 같다. 그들은 불교에 현재를 행복하게 사는 법 같은 건 없다고 간주해 왔다.

오래된 사원이나 불상, 화려한 옷을 입은 승려, 난해한 경전이 연상되기 때문에 나의 일상생활과 직접적인 관계가 없다고 여겨지기도 쉽다. 또한 장례, 제사, 관광 같은 특별한 행사가 있을 때만 불교를 접하기 때문에, 지나간 관습 혹은 문화유산 정도로 평가된다.

하지만 불교에는 고색창연한 모습만 있는 것이 아니다. 낡은 표피를 한 꺼풀 벗겨 내면 현대인의 일상생활에 필요한 교훈이 담겨 있는 것을 확인할 수 있다.

불교는 약 2500년 전, 인도의 석가—즉 고타마 싯타르타—

에 의해 창시된 종교이다. 세상에는 석가가 불교 교단에 소속되지 않으면 구제받을 수 없다고 말한 것처럼 알려져 있다. 그러나 석가는 이러한 편협한 가르침을 준 적이 없다. 불교는 모든 사람에게 평등하게 열려 있는 종교이다.

신불(神佛, 신격화된 부처)을 믿거나 특정 불교 교단에 가입한 사람들에게 그 동기가 무엇이었는지 물으면, 대부분 '빈곤' '병' '경쟁'이라는 번뇌와 고통으로부터 구제받기 위해서라고 답한다. '괴로울 때 신에 의지하는 것'으로서, 지푸라기라도 잡는 심정으로 신불에 매달리는 것이다. 하지만 이러한 공리적(功利的)인 마음가짐으로 신을 대한다면 기대와 달리 '덩굴째 굴러들어 온 호박' 같은 이익을 얻을 리 만무하다. 사람들은 이익이 될 만한 종교를 손에 쥐고 그것이 효과가 있으면 진리 혹은 진실이라고 받들고, 그렇지 않으면 의지할 필요가 없다며 도망간다.

이것은 마치 영국의 역사가 에드워드 기번이 『로마제국쇠망사』에서 "로마 세계에는 이런저런 종교 예배가 행해진다. 민중은 그것을 한결같이 진실이라고 생각했지만, 철학자는 한결같이 허위라고 간주하였다. 그리고 행정관은 한결같이 이용할 만한 것으로 생각했다"라고 한 것과 궤를 같이한다.

불교는 개인의 취향에 영합하는 종교가 아니다. 오히려 자신의 편견을 버리고 '빈곤' '병' '경쟁'에 관계없이 인생의 여러 문제에 대한 근본적인 원인을 규명하고, 이 세상을 지배하는 보편타당한 법칙에 근거하여 문제를 해결해야 한다고 가르친다.

깨달음을 얻은 석가도 많은 괴로움을 겪은 한 사람이었다. "인간은 어째서 살아 있는 동안 이런저런 것들로 괴로워하고, 노쇠와 병을 겪으며 죽어 가는 것인가? 어떻게 하면 이 고통을 벗어나서 잘 살 수 있는가?" 석가 자신은 왕자라는 혜택받은 지위와 환경에 있으면서 이러한 생각에 사로잡혔다. 너무나 냉혹하고 덧없는 현실을 목격한 석가는 스물아홉 살에 그때까지의 부귀영화를 버리고 구도(求道, 진리의 경지를 구함)를 위한 여행을 떠났다. 그리고 칠 년 간의 수행 끝에, 서른다섯의 나이로 부다가야 네란자라강 부근에서 깨달음을 얻어 부처―깨달은 자―가 되었다.

그 당시와 지금에는 약 2500년의 간격이 있다. 하지만 여러 가치관이 섞여서 혼탁해진 현대 사회와 그 풍요로운 삶에 탐닉하는 현대인을 보면, 청년 석가가 살던 시대와 여러 면에서 닮았다고 생각한다. 석가가 걸어간 구도의 길은 앞으로 우리가 나아가야 할 길을 보여 준다. 그리고 그 여정에 보편적인 교훈이 담겨 있다.

이 글은 이러한 관점에서 석가의 생애를 그의 출생부터 죽음까지 서술했다. 그사이에 일어난 일을 불교에서 설하는 인간의 백팔번뇌와 비교하여 주제별로 나누었다. 그리고 석가가 직접 말한 내용으로 여겨지는 초기불교 경전의 인용문을 소개하고 번역했다. 석가가 살던 당시와 현대 사회를 비교하고 석가의 생활 방식을 글로나마 체험해 보고 싶었다. 더불어 인생의 여러 문제를 해결할 실마리를 발견하고 싶은 마음에 이 책을 만들었다.

  이런 시도가 얼마나 성공했는지는 독자들의 판단에 맡길 수밖에 없다. 나의 목표가 조금이나마 달성되어, 이 책이 오늘을 살아 내고 내일에 대한 희망을 여는 지침서로 역할을 다할 수 있다면 더 이상 바랄 것이 없다. 초기불교 경전 인용문 일부는 현대어에 맞게 수정했음을 미리 밝혀 둔다.

차례

서문	석가가 걸어간 구도(求道)의 길	5

제1장 인생이라는 길 위에서 배우다

1편	좌절은 인생을 바꿀 기회가 된다	17
2편	쾌락은 몸을 기만한다	20
3편	평온한 자는 흔들리지 않는다	23
4편	욕심이 많은 자는 나약하다	26
5편	죽음 앞에 자만할 수 없다	29
6편	집착을 버리면 인생이 보인다	32
7편	현실은 작고 진실은 크다	35
8편	경험은 이론을 초월한다	38
9편	두 가지 생각을 가질 수 없다	42
10편	얽매임에서 왜곡이 시작된다	46
11편	누구나 혼자가 된다	48
12편	극한 너머에 진실이 있다	51
13편	신중함이 자신을 구한다	54
14편	몸과 마음은 수레의 두 바퀴다	57
15편	세상은 상부상조하는 것이다	60
16편	좋은 씨앗에서 좋은 열매가 난다	63
17편	고통에는 원인이 있다	66
18편	올바른 자세에 건강이 깃든다	70
19편	대립 속에도 방법이 있다	73
20편	내 생명도 내 것이 아니다	76
21편	모든 것에 깨달음이 있다	79

제2장 고독과 고통을 이해하다

22편	가르치는 것이 배우는 것이다	85
23편	인생은 물레방아와 같다	88
24편	의지할 곳은 오직 나뿐이다	91
25편	욕망에는 끝이 없다	94
26편	게으름은 죽음과 같다	96
27편	인간은 그 행위로 귀해진다	99
28편	학생이 있어야 교사가 있다	102
29편	질투는 겉과 속을 망가트린다	105
30편	악행은 언젠가 대가를 받는다	108
31편	모든 행동의 결과는 나에게 돌아온다	111
32편	애정과 애욕은 다르다	115
33편	작은 불도 그냥 지나칠 수 없다	118
34편	내가 꺼리는 것은 남도 꺼린다	121
35편	몸은 마음을 따라간다	124
36편	어리석음을 두려워할 필요 없다	127
37편	행복한 삶은 작은 관계부터 시작된다	130
38편	안주할 곳은 내 마음에 있다	133
39편	봉사는 고통에서 우리를 해방한다	136
40편	백 년보다 제대로 된 하루가 낫다	139
41편	큰 강은 고요히 흐른다	142
42편	깨달음은 순수한 마음에서 온다	145
43편	원한은 원한으로 해결되지 않는다	148

제3장 가진 것 없이 베풀다

44편	애욕으로부터 슬픔이 생긴다	155
45편	지혜는 나를 지키는 부모와 같다	158
46편	마음을 보는 눈이 필요하다	162
47편	인간은 자신을 가장 사랑한다	165
48편	뒷모습에서 마음이 나타난다	168
49편	보답을 바라지 않을 때 기쁘다	172
50편	한 가지 일부터 잘해야 한다	175
51편	극복하지 못할 아픔은 없다	178
52편	사랑은 초월하는 것이다	181
53편	적당히 먹고 마셔야 건강하다	186
54편	비난도 일주일이면 없어진다	189
55편	거짓말하는 자는 버림받는다	192
56편	때로는 일부러 물러선다	195
57편	진정한 친구는 함께 성장한다	198
58편	나를 위한 일이 남을 위한 일이다	201
59편	더러움과 청정함은 나에게 달려 있다	204
60편	미혹은 깊숙한 숲과 같다	208
61편	욕망이 크면 아름답게만 보인다	212
62편	인생은 한 호흡이다	215
63편	조급함에 실력이 드러난다	218
64편	약속을 지키면 망하지 않는다	221

제4장 주도적으로 삶을 이끌다

65편 솔직함은 힘이 세다	227
66편 인생도 단련해야 하는 것이다	230
67편 선한 일일수록 서둘러야 한다	233
68편 나를 다스리는 일이 가장 어렵다	236
69편 직함이나 지위보다 행동이 중요하다	239
70편 누구에게나 비밀이나 부끄러움이 있다	241
71편 마지막에 남는 것은 마음이다	244
72편 진실의 길을 걷는 자가 이긴다	247
73편 착실한 사람이 지혜롭다	250
74편 깨달은 한 가지 구절이 귀하다	253
75편 노력하는 것 자체가 기쁘다	256
76편 충만한 삶도 의지에 달렸다	259
77편 비난을 두려워할 필요 없다	263
78편 행동은 많은 것을 말해 준다	266
79편 돈은 인생의 전부가 아니다	269
80편 조건과 실력을 먼저 갖추어야 한다	272
81편 모든 것에 정도가 있다	274
82편 나만이 나를 이끌 수 있다	277
83편 익숙해지는 것은 무서운 일이다	280
84편 어떤 모양이든 미움은 좋지 않다	283
85편 태도가 마음을 바꾸기도 한다	286
86편 몸도 마음도 잠깐 빌린 것이다	289

제5장 정신과 자세를 다듬다

87편	죽음은 엄숙한 사실이다	295
88편	결말은 마음가짐에 따라 달라진다	298
89편	처음도 끝도 중요하다	302
90편	절제할 때라는 건 없다	305
91편	선한 마음이 선한 표정을 만든다	308
92편	봉사하는 마음이 세상을 바꾼다	311
93편	보석을 진척에 두고 못 알아차린다	314
94편	실천만큼 강력한 것은 없다	317
95편	선악의 구별은 엄격하다	320
96편	올바른 목표 설정이 필요하다	323
97편	방법은 다양하나 본질은 하나이다	326
98편	멀리 보면 다투지 않는다	329
99편	오만한 자는 감사하지 않는다	332
100편	도움받지 않은 삶은 없다	335
101편	모든 사람이 실패를 겪는다	338
102편	욕심이 종말을 부추긴다	341
103편	지혜는 늙거나 낡지 않는다	344
104편	삶은 뛰어드는 것이다	347
105편	미래는 현재의 내가 결정한다	350
106편	버릴 준비가 되어 있어야 한다	353
107편	죽음은 새로운 교훈이다	356
108편	웃으며 돌아볼 수 있어야 한다	360

| 부록 | 초기불교 경전 소개 | 364 |

제1장

인생이라는 길 위에서 배우다

1편
좌절은 인생을 바꿀 기회가 된다

> 이 사람이 세상에 태어난 것은
> 많은 사람의 이익을 위해,
> 많은 사람의 행복을 위해,
> 그리고 세상 사람을 불쌍히 여기기 때문이다.
> 이 사람은 누구인가, 바로 세존이다.
>
> 『증지부경전(增支部經典)』

불교의 개조인 석가는 고대 인도 석가족에서 태어나 깨달음을 얻고 부처가 되었다. 많은 사람에게 '석가모니 세존'이라고 존경받았던 실존 인물이다. 그의 생몰 연대에 대해서는 아래의 세 가지 설이 있다.

1. 기원전 624년 ~ 기원전 544년경
2. 기원전 566년 ~ 기원전 486년경
3. 기원전 463년 ~ 기원전 383년경

1번은 동남아시아 불교 국가에서, 2번은 대승불교 국가에서 차용되고 있다. 3번은 최근 한역(漢譯) 경전에 근거하고 있다. 석가의 유골은 1897년에 네팔 남부 피프라와에서 발견되었다. 유골함에는 인도의 고대 문자로 "여기, 부처의 유골함을 석가족이 형제, 자매, 처자식과 함께 마음을 담아서 안치한다"라고 새겨져 있다. 생몰 연도를 특정할 수는 없지만, 오늘날 석가가 실존 인물이라는 점에 의문을 제기하는 사람은 없다.

신의 아들이나 예언자로 태어난 예수 그리스도와 마호메트와 다르게, 석가는 우리와 마찬가지로 보통 사람으로 이 세상에 태어났다. 그가 태어난 곳은 까필라바스뚜라고 한다. 현재 네팔 남부, 인도 북부의 테라이평야다. 숫도다나 혹은 정반왕은 석가족의 수장으로서 당시 북인도 지방의 대국인 꼬살라국의 속국을 통치하였다. 석가는 숫도다나와 마야 부인 사이에서 태어났다. 그러나 태어나자마자 어머니와 사별하고, 이모이자 아버지의 후처에게 길러졌다.

석가는 한 나라의 왕자로서 청춘 때 부귀영화를 누리고 싶은 만큼 누릴 수 있었다. 하지만 그 모든 것을 포기하고 고생

스러운 인생을 살며 구도의 길을 걸었다. 서른다섯 살에 깨달음을 얻어, 여든 살에 생을 마감할 때까지 자신과 타인 모두를 구제하기 위해 힘썼다. 그가 어렸을 때 겪은 아픔을 빼고서는, 그가 이런 인생을 선택한 이유를 제대로 설명하기 어렵다.

예부터 "세 살 버릇 여든까지 간다"라고 했다. 철들 무렵의 생활 환경은 훗날 성격 형성에 큰 영향을 끼친다. 심리학자의 논증을 기다릴 것도 없이 명확하다. 유럽 프로테스탄트의 개혁가 마르틴 루터는 신의 뜻에 문제를 제기하며 종교개혁 운동에 몸을 바쳤다. 그의 행보의 근원적 동기를 어린 시절에서 찾아볼 수 있다. 그는 아버지의 권위에 억눌려 한동안 우울한 청년으로 지냈다. 이처럼 유소년의 생활 환경이 훗날 개혁가로 활동하게 하는 근거가 된 사례는 수도 없이 많다.

어떤 좌절로 말미암아 인생이 바뀌어 완전히 새로운 길을 걷게 되는 경우가 있다. 이런 회심을 종교학자 윌리엄 제임스는 "다시 태어남"이라고 부른다. 세상의 많은 개혁가는 정신적으로 새롭게 태어나 자신의 생명과 타인을 위해, 그리고 세상을 위해 완전히 불태운다. 고타마의 삶도 이와 같다.

2편

쾌락은 몸을 기만한다

> 사람은 늘 눈에 기만당하고,
> 귀에 기만당하고,
> 코에 기만당하고,
> 입에 기만당하고,
> 몸에 기만당한다.
>
> 『아함정행경(阿含正行經)』

석가는 어릴 적 고타마 싯다르타라고 불렸다. 아버지 숫도다나는 태어나자마자 어머니를 여읜 아들을 유난히 불쌍히 여기고 예뻐했다. 청년이 될 때까지 고타마는 아버지와 함께 살면서 원하는 것은 무엇이든지 얻을 수 있었다. 모든 종류의 쾌락을 원하는 대로 누렸다. 그 당시의 상황이 『증지부경전』

에 다음과 같이 기록되어 있다.

아직 출가하지 않은 나는 고(苦)가 무엇인지 몰랐다. 행복한 생활은 누리고 싶은 만큼 누렸다. 아버지의 집에는 연못이 있었는데, 청련, 홍련, 백련이 아름답게 꽃을 피웠다. 내 방에는 카시에서 생산된 전단향이 늘 상쾌한 향을 내고 있었다. 의복도 모두 카시에서 온 훌륭한 천으로 만든 것이었다.

나에게는 별채가 세 채나 있었다. 하나는 겨울, 하나는 여름, 하나는 봄에 이용했다. 4월 우기부터는 여름 별채에서 지냈다. 많은 사람의 시중을 받았으며 집 밖으로는 한 발짝도 나가지 않았다. 혹시 외출할 일이 생기면 먼지나 강한 햇빛을 피하려고 늘 하얀 양산을 쓰고 다녔다. 다른 집에서는 고용된 사람들에게 변변찮은 식사가 주어진 데 반해, 나의 별채에서는 아버지 덕분에 좋은 음식을 먹을 수 있었다. 나는 부유한 집에 태어나 행복한 생활을 영위하고 있었다. 하지만 마음속으로는 전혀 만족스럽지 않았다.

고타마는 왜 무엇 하나 부족함 없는 생활에 만족하지 못했을까? 손 하나 까딱하지 않고 편하게 남의 시중을 받으며 무엇이든 원하는 것을 바로 얻게 되면, 의욕이 사라지고 오히려 고통만 느끼는 걸까? 노인들은 자신이 해야 할 일을 포함하여 신변의 일상사를 남에게 맡기기 꺼린다고 한다. 하물며 혈기 왕성한 청년이 많은 사람의 시중에 의존하는, 거세된 일상을 보냈다면 얼핏 우아해 보여도 견디기 힘들었을지도 모른다.

이렇게 고타마가 수심에 잠겨 축 처져 있는 것을 본 아버지 숫도다나는 어떻게든 아들의 기운을 북돋아 주려고 노력했다. 아름다운 여인들에게 시중을 들게 하고 춤과 노래로 그의 눈과 귀를 즐겁게 했다. 그러나 고타마는 야단법석한 연회가 즐거울수록 공허함을 느꼈다. 아름답게 단장한 여성들이 그 소란에 취해서 잠들어 있는 모습을 보고, 환멸을 느꼈다.

아무리 좋은 환경에 살고, 사치를 누리고, 시중을 받으며 놀고 마시는 소란 속에 살아도, 내 몸과 마음이 기만당했다고 느끼면 모두 덧없는 것이다. 고타마 역시 이러한 경험 속에서 진정한 기쁨을 맛볼 수 없음을 알아차린 것이다.

진정으로 좋아할 수 없는 것과 관계를 이어가는 것만큼 힘든 일은 없다. 그것은 우리도 자주 경험하는 것이다.

3편
평온한 자는 흔들리지 않는다

> 승리한 자는 원한을 초래하고,
> 패배한 자는 고통에 빠진다.
> 마음이 평온한 자는 승패를 떠나 안락에 머문다.
>
> 『법구경(法句經)』 201

당시 석가족은 정치적으로는 북인도 지방을 지배하고 있던 꼬살라국의 속국이었다. 그리고 훗날에는 꼬살라국에 병합되어 멸망될 운명이었다. 고타마는 이른바 지방 호족의 자식으로서 지위와 부를 누렸지만, 동시에 자신의 아버지가 통치하는 석가족의 멸망이라는 비극을 목격했다.

 도시가 발생하고 있던 당시 인도에서는 상업이 성행하고 화폐가 유통되었다. 상인 계급은 큰 부를 축적하여 도시의 실권을 쥐었다. 그들은 제사를 담당하는 브라만 계급이나 정치적 지배자인 끄샤뜨리야 계급을 대체하고 있었다.

오늘날에도 그러하듯 인도에는 브라만(사제), 끄샤뜨리야(정치가 또는 군인), 바이샤(상인), 수드라(노동자)라는 네 개의 계급으로 구성된 카스트 계급 제도가 존재했다. 생활의 이런저런 것들이 확연히 구별되었고, 사람들은 자신이 속한 계급에 태어나 그 속에서 일생을 보내고 생을 마감할 운명이었다.

고타마가 태어난 집안은 끄샤뜨리야 계급에 속한다. 브라만 계급과 마찬가지로 몰락하는 가문이었다. 이러한 시대적 전환기에 사람들은 전통적 권위에 등을 돌리고, 물질적 풍요에 현혹되어 쾌락을 추구하며 도덕적으로는 퇴폐하게 되었다.

감수성이 예민한 고타마는 이러한 시대적 풍조를 민감하게 읽었던 것 같다. 차츰 약소국은 강대국에 점령당하고 굴종을 요구받았다. 어제의 친구가 오늘날 적이 되어 서로를 경쟁자로 보았다. 사물의 성함과 쇠함이 변한다는 영고성쇠(榮枯盛衰)의 비애를 실감했다. 무력이나 경제력이 우선시되는 군웅할거(群雄割拠)의 시대였다. 숫도다나의 어진 정치로 태평천하를 누렸던 석가족도 강대국 마가다와 일전이 벌어져 이기느냐 지느냐의 기로에 있었다.

초기불교 경전 중 『경집』에는 고타마가 탄생할 무렵의 일이 기록되어 있다. 당시 숫도다나가 사는 곳에 수도자 아시따가 나타나 다음과 같은 말을 남겼다고 한다. "이 아이가 성장하면 위대한 왕으로 군림할 것입니다. 그렇지 않다면 궁극적인 청정함을 보고, 많은 이의 이익을 생각하고, 중생들을 가엾게 여겨 법륜을 굴릴 것입니다."

  석가족 안에서 이 일화는 전설처럼 퍼져 나갔다. 아마도 고타마를 비범한 재능을 지닌 군주로서 정치적이든 종교적이든 석가족을 위기에서 구해 줄 구세주라고 기대하고 있었던 것 같다. 숫도다나와 신하들은 세습자였던 고타마를 어떻게든 다음 수장으로 만들기 위해 최선을 다했다. 그 방법의 하나가 그를 관능적 쾌락으로 유혹하는 것이었다. 그러나 고타마는 아시따의 예언 중 후자를 택했다.

4편

욕심이 많은 자는 나약하다

> 쾌락에 휘둘리고,
> 감각기관을 제어하지 못하고,
> 삶을 욕망하는 자는 심약하고 노력하지 않는다.
> 마라*에 유혹당하고,
> 바람에 흔들리는 풀과 같이 평안할 날이 없다.
>
> 『법구경(法句經)』 7

혈기 왕성한 젊은이에게 관능적 쾌락은 매력적이다. 아무리 훌륭하게 사는 사람도 관능에 대한 욕구는 가지고 있다.

    고타마도 예외는 아니었다. 우리와 마찬가지로 평범한 사

---

* 불도 수행을 방해하여 악한 길로 유혹하는 악마.

람이었다. 그는 청춘 시절에 아버지의 집에서 많은 여성의 시중을 받았다. 그들의 풍만한 자태를 눈으로 보며 관능에 대한 욕구에 마음이 가라앉지 않았다. 특히 인도는 늘 덥기 때문에 매우 얇은 옷을 몸에 두른다. 특히 여성들은 그들의 아름다운 신체를 드러내 사람들을 매혹했다. 꼭 그것만이 아니라도, 고대 『리그베다』가 성립된 고대 시대부터 『까마수뜨라』를 비롯한 다양한 관능 소설이 있었고, 사원이나 사당에는 남녀 합일의 신상이나 성기를 본뜬 조각에 제사를 지냈다. 남녀 합일 사상은 생활 속에 밀착되어 내려오고 있다.

이런 분위기 속에서 고타마가 성에 대해 무관심했다고는 생각되지 않는다. 때로는 이러한 관능적 쾌락에 유혹당해서 자신을 잊는 지경에도 이르렀을 것이다. 하지만 그런 쾌락은 크면 클수록 향연 후의 허무함을 통절하게 느끼게 된다.

고타마는 아버지의 걱정과 권유로 열여섯 살 이후 세 명의 부인을 맞는다. 첫 번째 부인은 야소다라, 두 번째 부인은 마노다라, 세 번째 부인은 고빠라고 불렀다. 고빠는 보기 드문 미인으로 석가족 부호 단다빠니의 딸로서 자식을 보지 못하고 일찍 죽었다. 마노다라에 대해서 자세한 내용은 알려지지 않았고, 일찍 이별했다고 한다. 야소다라는 석가족 수빠붓다 왕의 딸로서, 후에 석가를 배신한 데바닷따와 석가의 16제자 중 하나인 아난다의 누이이다. 야소다라와 고타마 사이에는 라훌라라는 자식이 있었다.

당시 인도 상류 사회에서는 부인을 두셋씩 맞이하는 것은 일반적이었다. 근세에 이르기까지 이슬람 사회에서도 그러했다. 과거에는 일부다처주의가 반드시 불합리하다고 보지는 않았다. 그러나 청년 고타마는 부인과 신하들에게 둘러싸인 평범한 가정생활에 만족하거나 탐닉하지 않았다.

5편
죽음 앞에 자만할 수 없다

> 어떤 생명이건 간에
> 살고자 하고 또 살 수 있는 것을 해하려는 자,
> 살고자 하고 또 살 수 있는 것에 자애심이 없는 자,
> 이런 자들은 천박한 자라고 알아야 한다.
>
> 『경집(經集)』

고타마는 아버지의 집에서 풍족하게 살았다. 하지만 그곳에서 한 발짝만 나가면 차마 눈 뜨고 볼 수 없는 아비규환의 세계가 기다리고 있었다. 거지인지 부랑자인지 모를 초라한 몰골의 남녀노소 무리가 거리에 득실거리고 시체 썩는 냄새가 코를 찔렀다. 마치 지옥과 같은 모습이었다.

 이러한 광경은 당시부터 2500년도 더 지난 오늘날에도, 인도

를 비롯한 세계 이곳저곳을 돌아다니다 보면 목격할 수 있다.

고타마의 눈에는 그 광경이 어떻게 보였을까? 『증지부경전』에는 다음과 같이 전하고 있다.

나는 '부유한 집안에서 태어나 행복하게 살았다'고 생각했다. 어리석은 자는 자신이 늙고 또 늙는 것을 피할 수 없으면서, 다른 자가 늙은 것을 보면 자신의 처지는 생각하지 않고 싫어하고 혐오한다. 생각해 보면 나도 또한 늙는 몸이다. 늙는 것을 피할 수는 없다. 그러므로 늙고 쇠약한 사람을 미워하고 혐오하는 것은 나에게 적절치 않다. 나는 이렇게 생각했을 때 젊음에 대한 자만심이 완전히 사라졌다.

나는 또한 이렇게 생각했다. 어리석은 자는 자신이 병들고 병을 피할 수 없으면서, 타인이 병으로 고통받는 것을 보면 자신의 처지는 생각하지 않고 싫어하고 혐오한다. 생각해 보면 나도 또한 병들지 않을 수 없다. 병을 피할 수 없다. 그러므로 병든 사람을 미워하고 혐오하는 것은 적절치 않다. 나는 이렇게 생각했을 때 내 건강에 대한 자만심이 완전히 사라졌다.

나는 또한 이렇게 생각했다. 어리석은 자는 자신이 죽을 몸이고 죽는 것을 피할 수 없으면서, 타인이 죽어가는 것을 보면 자신의 처지는 생각하지 않고 싫어하고 혐오한다. 생각해 보면 나도 또한 죽을 것이다. 죽는 것을 피할 수 없다. 그러므로 죽어가는 사람을 미워하고 혐오하는 것은 적절치 않다. 나는 이렇게 생각했을 때 내 생존에 대한 자만심이 완전히 사라졌다.

고타마는 젊은 시절 이미 인생의 실상을 통찰했다. 실상을 보면서도 보지 않는 척하는 자신을 깊이 반성했다. 그리고 어떻게 인간으로서 피할 수 없는 끔찍한 운명의 수레바퀴에서 벗어날 수 있을지, 어떻게 착실한 인생을 살 수 있을지 생각하였다.

6편

집착을 버리면 인생이 보인다

> 피안(彼岸)에 이르는 자는 적다.
> 차안(此岸)에 있는 사람들은 그저
> 언덕을 따라서 달릴 뿐이다.

『법구경(法句經)』 85

고타마는 화려하고 즐거워 보이는 사람들의 생활도 한 꺼풀 벗겨 보면 고뇌로 가득 차 있는 것을 알게 되었다. 이러한 상념에 잠겨 있는 그의 모습은 마치 철학자와 같았다. 그는 그저 집에서 '나는 도대체 어떤 존재인가' '고뇌를 극복하고 정말로 추구해야 할 것은 무엇인가'를 생각하는 데 만족하지 않았다. 어떻게 해서든 여러 정신적 지도자로부터 가르침을 구하고 스스로가 납득할 수 있는 인생을 살고 싶었다.

진리를 구하며 인생의 궁극적 문제를 해결하고자 하는 마음을 더 이상 억누를 수 없어지자, 고타마는 집을 떠나 구도의 여행을 떠나기로 결심했다. 이때가 스물아홉 살 무렵이었다.

고타마는 후에 당시의 심정을 다음과 같이 기록하였다.

나는 구도하는 마음을 일으켰다. 아직 젊은 청년으로서 새까만 머리카락을 가지고 즐거운 청춘을 만끽하고 있었다. 하지만 젊은 시절, 부모가 원치 않는 표정으로 눈물을 흘리고 있었음에도 머리를 깎고 집을 나와 일개 슈라마나(방랑하며 수행하는 사람)가 되었다.

당시 인도 상류 사회에서는 인생을 아슈라마라는 네 주기로 나누었다. 남성은 일생에 이 네 개의 주기를 차례차례 밟아 나가는 것을 이상적인 것으로 여겼다. 첫째, 학생기는 공부하는 시기로서 스승 밑에서 베다를 학습한다. 둘째, 가주기는 결혼하고 가정을 꾸리는 시기로서 자식을 낳고 매일 제사를 지낸다. 셋째, 임주기는 자식이 성인이 되어 돌볼 필요가 없기 때문에 집을 버리고 마을을 떠나 숲속에 들어가서 종교적인 구도 생활을 보낸다. 넷째, 편력기는 계속 수행하여 이 세상 모든 것에 대한 집착을 버리고 성지를 순례한다.

고타마는 사회 관습에 따라 임주기에 들어갔을 것이다. 당시 인도인의 수명이 삼십여 년이었기 때문에 스물아홉 살에 출가한 것은 결코 빠른 것이 아니었다. 오늘날 평균 수명을 기준으로 말한다면 인생의 황혼기인 쉰 살 무렵에 해당한다.

오늘날에도 인도를 방문하면 명성을 얻은 사람들이 여벌 옷도 없이 걸식자와 같은 모습으로 숲에 머물거나 돌아다니는 것을 볼 수 있다. 이렇게 유유자적한 생활을 보내는 것을 보면, 고타마가 가정을 버리고 출가한 것이 불가사의한 것이 아님을 알 수 있다. 인생의 전반부에는 사회의 구성원으로서 규범과 질서를 따르고 열심히 공부하여 가정을 일구는 것에 전념해야 한다. 그러면 후반부에는 속세의 질곡에서 벗어나 자신이 하고 싶고 또 해야 할 일에 전념할 수 있다. 이러한 삶의 경로가 인도에서는 고대 시대부터 허용되었던 것 같다.

글머리의 '피안'은 '깨달음의 세계'를 의미한다. 그러나 많은 사람은 그곳에 이르려는 마음을 내지 않는다. 늘 차안, 즉 이 사바 세계에 집착하고 우왕좌왕하며 일생을 끝내 버린다. 고타마는 그 질곡에서 벗어날 각오를 다진 사람이었다.

7편
현실은 작고 진실은 크다

> 여러 가지 욕망에 집착하고,
> 욕망을 놓지 못한 사람은
> 왜 욕망이 문제인지 보지 못한다.
>
> 『석가자설경(釋迦自說經)』

고타마는 밤 중에 몰래 마부 찬나를 깨웠다. 자신의 애마인 칸따카를 타고 동쪽으로 길을 떠나기 위해서였다. 금방 아노마강을 건넌 고타마는 머리를 깎고 "출가한 목적을 이룰 때까지 절대 귀국하지 않을 것이다"라는 결의를 찬나에게 전하고 떠났다. 손에 발우를 위한 그릇을 들고 마가다국에 들어간 고타마는 수도 라자그리하에 도착하여 빔비사라왕과 만났다. 왕은 고타마에게 물었다.

"당신은 젊고 앞길이 창창한 청년입니다. 용모도 준수하고 끄샤트리야 귀족 집안 출신입니다. 당신을 우리나라 대신으로 맞이하여 코끼리를 앞세우는 정예 군대나 재산을 선물하고 싶습니다. 당신의 생각을 말씀해 주시기를 바랍니다."

"왕이시여, 저 히말라야 기슭에 어떤 민족이 살고 있습니다. 예부터 꼬살라국에 속해 있었지만, 부와 용기를 갖춘 석가족이라고 불렸습니다. 제가 그곳 출신입니다. 제가 출가한 이유는 저의 욕망을 채우기 위한 것이 아닙니다. 욕망에는 끝이 없습니다. 저는 욕망이 아니라 진실을 구하기 위해 출가하여 수행하고 있습니다."

빔비사라왕은 적대 관계에 있는 꼬살라국에 의해 거의 멸망할 상황에 놓인 석가족 국가 수장의 아들을 정치적인 아군으로 끌어들이려는 속셈이었다. 하지만 고타마는 그런 제안을 단호히 거절하였다. 단호한 고타마의 대답에 별다른 수가 없었던 왕은 "만약 당신이 숭고한 목적을 이루고 깨달음을 이룬다면 제일 먼저 저를 구제해 주시기를 바랍니다"라고 부탁했다. 고타마는 약속하고 그를 떠났다. 훗날 왕은 깨달음을 얻은 고타마 즉 부처의 가르침에 귀의하여, 수도 라자그리하 교외 죽림정사를 불교 교단을 위해 기증했다. 이 이야기로부터 고타마가 정치적 권력을 얻을 마음이 없었다는 점을 알 수 있다.

당시 인도는 여러 국가가 힘으로 대결하여 흥망성쇠의 부침이 반복되고 있었다. 석가족은 슬프게도 후에 꼬살라국에 정복당해 멸망했다. 고타마는 그 속에 휩쓸려 들어간 사람들이 얼마나 비참한 상황에 부닥쳤는지 충분히 경험하였다. 그런 세속적인 권력투쟁에 들어가 자신이 어느 한쪽의 영웅이 되어 무력으로 상대와 대결하고 정복하는 것은 원하지 않았다. 그래서 고타마는 국가와 국가, 사람과 사람 간의 이해관계를 뛰어넘어 인간이 찾아야 할 진실을 위해 길을 나선 것이다. 그리고 자신과 타인 모두가 추구해야 할 정신적 경지를 제시하였다.

8편

경험은 이론을 초월한다

> 무익한 말로 구성된 수천 개의 구절보다
> 마음을 평안케 하는 심오한 한 구절이 훨씬 소중하다.
>
> 『법구경(法句經)』 100

인도의 계급 제도 중 최고 지위에 있는 브라만은 제사를 직업으로 삼고 있는 집단이다. 이들의 지위는 변동성이 없다. 세습화되어 있어 일단 그 계급에 태어난 자는 능력이 없어도 생활이 보장되고 일생을 편안하게 보낼 수 있다. 이들은 의례를 통해서만 사람들의 소원이 이루어지고, 행복할 수 있다고 설한다. 신의 대변인으로서 일반 대중 위에 군림하고 그의 권위 아래 사람들은 굴종을 강요받는다.

하지만 고타마 시대에는 이렇게 출생으로 지위가 보장되는 브라만의 권위주의가 차츰 색이 바래고 있었다. 대신 선행을 통해 선한 결과를 받을 수 있다는 실력주의를 표방한 슈라마나는 자유사상가들이 배출되었다. 그들은 신의 존재나, 신과 인간 사이를 중개하는 브라만 계급의 존재를 부정했다. 일상 행위에 따라 그 과업을 받는다는 현실적인 업보 사상을 믿었는데, 점차 대중들의 공감을 얻었다.

고타마가 출가하여 구도의 여행을 떠났을 때도, 이 슈라마나 집단 중 하나에 뛰어들어 가르침을 구하고 진실의 도리를 체득하고자 했다.

초기불교 경전 『장부경전』과 『사문과경』에 의하면, 당시 여섯 명의 대표적 슈라마나가 있고, 각자 독자적인 학설을 전개했다고 한다. 소위 '육사외도'라고 불리며, 전통적인 브라만교에 대항하며 다른 이론을 제창한 사람들이었다. 그들은 많은 사람의 반향을 불러일으켜 일종의 철학 집단을 형성하고 맹목적으로 브라만교에 굴종하고 있는 대중을 계몽하는 역할을 했다. 고타마도 그들의 가르침을 하나하나 음미하여 정말로 신뢰할 만한지 몸소 시험해 보았다.

육사외도 학설은 오늘날 우리 사회에서 제기되는 학설과 유사한 측면이 많기 때문에 매우 흥미롭다. 먼저 첫 번째 학설은 아지따라는 슈라마나에 의해 설해진 "사후 세계는 없다"라는 이론이다. 즉 인간은 지(地), 수(水), 화(火), 풍(風)이라는 네 가지 원소로 구성되어 있으므로, 사후에는 그 구성체가 분해되어 없어지며 아무것도 남지 않는다. 따라서 아무리 이 세상에서 선한 행동, 악한 행동을 하더라도 그 업보가 흔적조차 남지 않기 때문에 종교도 도덕도 필요하지 않다. 아지타는 이러한 쾌락주의를 전개하였다.

두 번째 학설은 빠꾸다가 제창한 것이다. 그는 지, 수, 화, 풍 네 가지 원소 외에 고(苦), 락(樂), 영혼이라는 세 개의 정신적 요소를 추가하였다. 이들은 독립적으로 존재하며 사후에도 존속한다. 더불어 "사후 세계가 있다"라는 유물론을 주장했다.

세 번째 학설은 뿌라나가 제창한 것으로, 어떠한 행위의 업보도 인정하지 않는다. 아무리 악한 짓을 저질러도 아무리 선한 일을 행해도 그것은 본인의 자기만족 이외에 아무것도 아니다. 선악이라는 것은 인간이 마음대로 정한 개념이며 실체가 없다. 뿌라나는 도덕부정론을 전개했다.

네 번째 학설은 막칼리가 제창한 것이다. 이 땅에 태어나는 모든 것은 영혼, 지, 수, 화, 풍, 허공, 득(得), 실(失), 고, 락, 생(生), 사(死)라는 열두 가지 요소로 이루어져 있다. 그중에 '득'의 작용을 원리화한 것이라고 설명한다. 모든 것은 840만 대겁이라는 오랜 기간을 윤회한 후 사라지도록 정해진 것이라며 운명론을 전개했다.

다섯 번째 학설은 산자야가 제창하였다. 인간의 지식이나 판단을 뛰어넘는 경험 불가능한 형이상학적 문제에 대해 생각하는 것 자체가 틀린 것이다. 그러한 것을 생각하느라 고뇌하지 말고 판단을 중지하라고 말한다. 모든 것에 대해 단정하지 말라는 회의론을 전개했다.

여섯 번째 학설은 자이나교의 교조(敎祖)로 알려진 니간타가 제창한 것으로, 모든 사물을 절대적 혹은 일방적으로 판단하지 않는 것을 강조하였다. 관점을 바꾸면 고통도 즐거움으로 바뀌기 때문에 '어떤 점에서 보는가?' 하는 조건을 설정하는 상대적 관념론을 전개했다.

하지만 고타마는 기존의 이론에 큰 흥미를 느끼지 못하고, 보다 실천적인 수행법에 관심을 두었다.

9편

두 가지 생각을 가질 수 없다

> 인간 세상의 속박을 끊고,
> 천상의 속박을 끊고,
> 모든 속박에서 벗어난 자,
> 우리는 이런 사람을 진정한 브라만이라고 부른다.
>
> 『법구경(法句經)』 417

구도의 여행을 떠난 고타마가 처음에 가르침을 구한 곳은 사상가가 아니라 수행 실천가였다. 오늘날에도 그렇지만, 인생 문제로 고민할 때 그 해결책을 학자에게 구하는 것은 큰 도움이 되지 않는다. 역시 나름의 해결책을 몸소 체험해 본 사람에게 가서 같은 체험을 얻는 것이 제일 좋다.

고타마가 처음에 방문했던 수행 실천가는 알라라 깔라마

라는 슈라마나였다. 이 스승은 '어떤 것에 대해서도 존재한다고 생각하지 않는' 경지인 무소유처(無所有處)에 도달했다. 고타마는 그의 곁에서 명상하여 동일한 경지에 이를 수 있었다. 하지만 초기불교 경전 『성구경』에 의하면, 그 이상의 깨달음을 얻을 수 없다고 결론을 내리고 명상을 그만두었다고 한다.

그다음에 웃다까 라마뿟따라는 슈라마나를 방문했다. 이 스승은 '생각이 있다는 것도 아니고 없는 것도 아닌' 경지인 비상비비상처(非想非非想處)에 도달했다. 고타마는 여기에서도 명상 수행에 몰입하여 스승과 동등한 경지에 이르렀다. 하지만 이전 스승 때와 같은 이유로 그곳을 떠났다. 그 후 약 육년간 고행에 전념하였다.

오늘날에도 그렇지만, 당시 인도의 수행 실천가는 육체와 정신을 분리된 것으로 여기는 심신이원론에 근거하여, 육체를 부정한 것으로 생각하고 정신만 청정하다고 생각하였다. 부정한 육체를 혹사해 쇠락하게 만든 후 명상을 통해 정신적 자유를 얻는 것이야말로 최상의 쾌락으로 여겼다. 그 수단으로 단식 등의 고행을 장려하였다. 이렇게 해서 정신적으로 뛰어난 경지에 도달할 수 있을지도 모른다. 하지만 육체적으로는 반쯤 죽은 가사(假死) 상태에 들어가는 것이다. 이런 단계에 들어가면 입을 여는 것도 손발을 움직이는 것도 불가능한 비일상적 도취 상태에 빠진다. 이것이 수행의 한 방법으로써 필요할 수는 있다. 하지만 고타마는 그것이 궁극적인 깨달음이 아니라는 것을 알아차렸다.

그럼에도 고타마는 명상과 고행을 몸소 체험하여 육체를 소홀히 하고 정신적으로 고양된 경지에 도달할 수 있었다. 이것은 고타마가 청년 시절 관능적 쾌락에 몸을 맡겼던 쾌락주의와 완전히 반대 방향이었다. 고타마는 이 두 극단 모두 받아들일 수 없었다.

그가 육 년에 걸쳐 고행에 전념한 장소는 인도 중부 성도(聖都)인 가야 근처를 흐르는 네란자라강이라고 한다. 그곳에서 수행에 전념하던 어느 날 악마 나무찌가 다가와서 다음과 같이 속삭였다.

"당신은 야위고 안색도 좋지 않습니다. 죽음이 가까이에 왔습니다. 당신이 죽지 않고 살 확률은 천 분의 일 정도입니다. 살아야 합니다. 목숨이 있어야 많은 선행을 할 수 있습니다."

나무찌는 고대 인도 경전 『베다』에 나오는 악마다. 달콤한 유혹을 의인화한 것이다. 오늘날에도 어린이들이 번개가 치는 걸 무서워하고 있으면 부모가 "저건 번개 님의 장난이야"라고 말한다. 어린이들은 구름 위에 호랑이 모피로 만든 바지를 입고 금방망이를 휘두르는 반나체의 번개를 상상한다. 이처럼 고대인은 언어로 표현할 수 없는 불가사의한 현상을 신의 일로 의인화했다.

아마 고타마도 수행 중 심적 갈등을 겪었을 것이다. '더 노력하라'라는 양심의 목소리와 더불어 '노력은 무의미하다'는 유혹의 목소리도 있었을 것이다. 그 악마는 "당신은 베다의 학생으로서 청정한 행위를 하고 성스러운 불에 공물을 바치며 많은 공덕을 쌓을 수 있습니다. 고행에 몰두하고 힘쓴다고 해서 무엇을 이룰 수 있겠습니까? 지금 몰두하고 계시는 수행으로는 생존하기 어렵고, 실행하기 어렵고, 통달하기 어렵습니다"라며 달콤한 목소리로 속삭였다. 고타마는 악마의 제안을 단호히 거절했다.

"저는 세속적인 세간의 선업(善業, 복을 받게 하는 선한 일)을 추구할 필요성을 느끼지 않습니다. 악마는 세간 선업의 공덕을 추구하는 사람들에게 가서 이야기하시지요."

확고한 대답을 들은 악마는 "돌을 맞은 새와 같이 좌절하며 고타마를 떠났다"라고 『상응부경전』에 기록하고 있다.

여기서 고타마는 노력이 필요하지 않은, 일상생활에 매몰된 세상살이로 후퇴할지 아니면 수행을 계속할지 양자택일에 직면하였다. 자문자답하며 스스로 시험한 것이다. 고타마는 후자인 출세간도(出世間道, 열반에 이르기 위하여 속세와 번뇌를 버리는 길)를 선택했다. 그가 수행하는 모습은 간다라에서 조각된 불상을 통해 상상할 수 있다. 고목과 같은 그 불상은 현재 파키스탄 라호르박물관에 안치되어 있다.

10편
얽매임에서 왜곡이 시작된다

> 집착에서 해방되어 어디에도 구애받지 않는다.
> 완전한 지혜를 갖추어 번뇌라는 장애도 없다.
> 악마의 영역을 초월하여 태양과 같이 빛난다.
>
> 『석가자설경(釋迦自說經)』

예전에 국제결혼과 관련된 보도 방송을 본 적이 있다. 모두 한목소리로 결혼에 성공한 비결을 "상대방을 외국인으로 인식하지 않고 한 명의 인간으로 대하여 교제했다"라고 고백한 것이 인상적이었다. 국제결혼뿐만 아니라 모든 결혼이 마찬가지다. 상대방의 용모, 말투, 습관, 가정환경, 학력 등을 일일이 신경 쓰며 일상생활을 한다면, 도리어 그것이 응어리가 되어 서로 간에 틈이 생기고 곧 관계가 깨질 것이 뻔하다.

상대방을 의식한다는 것은 그의 겉모습에만 사로잡혀 내면 깊숙한 곳의 실체를 보지 못하는 것이다. 결혼 상대뿐만 아니라 어떤 사람이나 사물을 대할 때는 편견을 버리고 본질을 꿰뚫어 보아야 한다. 불교에서는 본질을 보는 것을 '여실지견(如實知見, 있는 그대로 보아 진실을 아는 것)'이라고 한다.

초기불교 경전 『백유경』에는 단 한 가지에 구애된 나머지 다른 모든 소유물을 잃은 이야기가 소개되어 있다.

옛날 어떤 목동이 소 250마리를 키우고 있었다. 소 무리를 이끌고 물과 풀을 찾아 계속 떠돌아다녔다. 어느 날 호랑이가 나타나 소 한 마리를 잡아먹었다. 목동은 어리석게도 "지금까지 소 한 마리도 잃지 않고 데리고 다녔는데 이제 숫자가 맞지 않게 되었다"라며 분노했다. 심지어 "이제 남은 소도 아무 짝에 쓸모없다"라며 높은 벼랑에서 한 마리도 남기지 않고 모두 떨어뜨려 죽여 버렸다.

이 남자는 그저 소 한 마리에 구애되어 모든 소를 잃어버렸다. 우리는 어떤가? 이 목동을 비웃을 자격이 되는가?

집에 불이 났을 때 도망 나왔다가 집 안에 있는 귀중한 물건을 깜빡했다며 다시 돌아가 연기에 질식해 죽는 사람이 있다. "한 사람이라도 반대한다면 도로를 만들지 않겠습니다"라고 말하는 어느 지방자치단체장도 있다. 무엇이 중요한지 모르고 사소한 것에 구애된 자들이다.

11편
누구나 혼자가 된다

> 홀로 앉고,
>
> 홀로 눕고,
>
> 홀로 돌아다니며 수행해도 지치지 않는다.
>
> 홀로 자신을 다스려 숲속에서 즐기라.

『법구경(法句經)』 305

인간이라는 존재는 이상하다. 곁에 의지할 사람이 있거나 삶을 편하게 해 주는 물건이 있으면, 그것에 의지하며 게으름을 피운다. 그리고 그것이 당연하다고 생각한다. 하지만 자신의 힘으로 살아가지 않으면 안 되는 시점이 반드시 온다.

산 중턱에 혼자 남겨져서 큰 소리로 외쳐도 아무도 도와주지 않는 경우를 가정해 보자. 거기서는 자신의 집안, 지위, 재산을 자랑해도 아무런 도움이 되지 않는다. 나무뿌리에 의지해서라도 살아남아 산에서 내려올 방법을 생각하고 실행하는 방법 외에는 없다. 인생에서 혼자가 되었을 때는 핑계나 요령보다는 인생의 지혜와 체력, 끈기가 중요하다.

의지할 수 있는 것도 마음대로 할 수 있는 것도 사라졌을 때 비로소 그런 것들이 얼마나 소중했는지 알게 된다. 또한 고생하여 하산에 성공하였을 때의 기쁨은 그 무엇과도 비교할 수 없다. 자신의 힘으로 난관을 돌파했다는 만족감도 얻을 수 있다.

반면 늘 다른 사람에게 의지하고 주어진 환경 속에서 편하게 지내며 자기 하고 싶은 것만 하는 사람도 있다. 인생을 마냥 즐길 수 있을 때는 즐기면 된다. 하지만 그것이 불가능한 시기가 닥치면 어찌할 바를 몰라 불평을 쏟을 여유도 없이 자포자기하고 만다.

명문가의 자제로 유명한 한 남자가 있었다. 부모님이 건재할 때는 주변에서도 그를 추켜세워 주었다. 신변의 자질구레한 일도 집사가 다 해 주어 자유롭게 매일매일을 보냈다. 그러다 부모님께서 돌아가시자 집사도 떠나가고 홀로 남겨졌다. 그때까지 남에게 맡겼던 요리, 청소, 세탁 등 모든 가정일이 자신의 임무가 되었다. 그는 몸과 마음이 우왕좌왕하고, 사람들을 만나면 푸념만 늘어놓기에 바빴다. 시간이 조금 지나서야 자신에 대해서 이해하고, 타인에게 고마움을 느끼는 듯했다.

의지가 되는 모든 것을 스스로 버리고, 독립적인 인간이 되겠다는 결심을 지키기 위해 노력해야 한다.

다행인지 불행인지, 우리 주위에는 쾌적한 생활을 가능하게 하는 문명의 이기가 넘치도록 있다. 타인의 도움도 얼마든지 요청할 수 있다. 하지만 언제 없어질지 모르는 것들이다. 물론 없어지길 바라는 것은 아니다. 언제 혼자가 되더라도 당황하지 말고 스스로 이겨내리라고 다짐해야 한다. 지금부터 준비해도 늦지 않았으니 실력을 쌓아 나가야 한다.

12편
극한 너머에 진실이 있다

> 임무를 수행하면, 후회가 없다.
> 얼굴에 즐거움이 번지고, 행복해진다.
> 진실로 이와 같은 결과를 얻으면 수행을 잘한 것이다.
>
> 『법구경(法句經)』 68

어떤 공부, 일, 스포츠 등을 할 때 '이 이상은 어렵다. 몸과 마음이 버티지 못하겠다'라는 한계가 있다. 사람들 대부분은 그 이상을 넘지 않고 적당한 수준에서 멈춘다. 그러고는 아무 생각 없이 태평한 표정을 짓는다. 이렇게라도 일을 잘 마무리하면 나쁘지 않다. 하지만 성실한 사람은 내심 꺼림직하다고 느끼며 '마무리를 더 잘할 수 있지 않았을까?'라고 반성한다.

'안착하다'라는 단어가 있다. 그 경지에 이르기 위해서는 스스로 극한까지 밀어붙여 밑바닥을 보지 않으면 안 된다. 끝까지 가보지 않고는 어디에서도 '안착했다'는 기분이 들지 않는다. 또한 어디에 안착했는가에 따라 자신의 능력을 확인할 수 있으며, 자신이 할 수 없는 것을 해내는 사람에 대한 존경심이 생긴다. 자신감이 생기는 동시에 스스로 겸허해질 수 있다. 그 지점까지 자신을 몰아붙여 본 적이 있는가?

고타마의 고행에 대한 회상이 『중부경전』에 기록되어 있다.

과거에 슈라마나나 브라만이 아무리 격렬한 고통을 감내했다고 해도, 내가 감내한 고통만 못하다. 그 이상의 고통은 없었다. 또한 미래에 슈라마나나 브라만이 아무리 격렬한 고통을 감내한다고 해도, 내가 감내한 고통만 못할 것이다. 그 이상의 고통은 없을 것이다. 하지만 이런 격렬한 고행을 통해서도 통속적인 사람이나 가르침을 뛰어넘는 최고의 지혜에 도달할 수 없었다. 깨달음에 이르기 위해 다른 길을 택해야 함을 알아차렸다.

시행착오를 겪으면서 최고의, 극한의 지점까지 밀고 나가 본 사람은 더듬더듬 이것저것 모색하는 사이 '아, 이것이었구나' 하는, 일종의 깨달음과 비슷한 경지에 도달한다. 일을 하는 요령을 터득하기도 한다.

처음부터 이해할 수 있는 것이 아니다. 시행착오를 반복하는 사이 자연적으로 체득하는 것이다. 아마 고타마도 고행에 몸을 맡기던 중에 '이것은 내가 찾던 길이 아니다. 저것이 내가 찾던 길이다'라고 깨달았을 것이다.

좋아하든 좋아하지 않든, 극한상황에 직면해 본 사람만이 깊이 있는 참모습을 이해할 수 있다. 일의 시작점에서 멈추어 버리면 보람 없이 맴돌 뿐이다.

13편

신중함이 자신을 구한다

> 그는 행동을 신중히 하고,
> 말을 신중히 하고,
> 생각을 신중히 한다.
> 이 사람이야말로 자신을 지키는 현자이다.
>
> 『법구경(法句經)』 234

 늘 남이 말한 대로 일하고 세간의 관습대로 한다면, 무난하고 마음에 걸리는 게 없다. 하지만 평범하게 물 흐르는 대로 한 인생을 끝낼 뿐이다.

 동물들은 먹을 것을 찾으면 달려들어 물고, 발정이 나면 상대방을 배려하지 않고 제압하여 범한다. 짖고 싶은 대로 짖고, 먹고 싶은 대로 먹고, 하고 싶은 대로 하는 제멋대로의 생활에 열중한다. 나이가 들면 자식을 비롯하여 모든 것에게 버림받고 아무도 모르게 들판에서 생을 마감한다.

고타마는 동물과 다를 바 없는 사람들과 같이 사는 것을 견딜 수 없었다. '더 나은, 정말 인간다운 삶을 살았다고 실감할 수 있는 인생을 보내고 싶다'라고 생각했다. 그래서 가정과 세속을 버리고 일개 출가자로서 뼈를 깎는 노력을 했다. 때로는 명상을, 때로는 고행을 했지만 그것이 과연 자신이 원했던 길인지 의심이 사라지지 않았다. 육체를 혹사하고 희생시켜 가며 고고한 정신상태를 추구하는 것이 진정한 삶의 방식이 아니라고 결론을 내렸다.

"건전한 정신은 건전한 육체에 깃든다"라고 한다. 육체가 있어야 정신이 있는 것이며, 육체를 잘 관리해야 건전한 정신을 배양할 수 있다. 고타마가 네란자라강 근처 사라수 아래에서 고뇌하고 있을 때 마침 근처 마을의 여인인 수자따가 지나가고 있었다. 고타마는 수자따가 주는 우유죽을 먹고 기운을 차린 후 강변에서 목욕을 하고 보드가야 보리수 아래에서 이레 동안 명상하여 큰 깨달음을 얻었다. 우리들은 오늘날 깨달음을 얻은 고타마를 '부처'라고 한다. 부처는 세상의 실상에 눈이 뜨인 사람을 의미한다.

『중부경전』에 의하면, 숫도다나가 비밀리에 파견한 다섯 명의 종이 고타마가 수자따로부터 음식을 공양받아 먹는 것을 보고 그가 악마의 유혹에 굴복하여 고행을 포기하고 타락한 것으로 오해하였다. 그래서 그를 떠나 당시 많은 수행자가 모여 있던 서쪽 까시국의 바라나시로 갔다. 하지만 깨달음에 확신이 있었던 고타마는 "열의를 가지고 진지하게 사유하는 성자가 이 수행법을 이해한다면 모든 의혹이 점차 사라질 것이다"라며 기뻐했다.

이때 부처의 모습을 『무량수경』에서는 다음과 같이 묘사하고 있다.

> 얼굴빛이 환하고 위엄은 한없이 크다. 이와 같이 환하게 빛나 그 무엇과도 비교할 수 없다. 해, 달, 보석 구슬도 그 앞에서는 빛을 잃어 마치 암흑과 같았다.

깨달음을 얻어 '부처'가 된 고타마를 이전의 고타마와 구별하여 '석가'라고 부르겠다.

14편
몸과 마음은 수레의 두 바퀴다

> 바른 계율과 바른 견해를 갖추고
> 가르침에 근거해 생활하는 자,
> 진실을 말하고 몸소 해야 할 일을 하는 자,
> 세상은 이런 사람을 사랑한다.

『법구경(法句經)』 217

종교적 체험이 최고조에 이르면, 많든 적든 도취경 혹은 황홀경에 빠진다. 생에 대한 충만감이 온몸에 넘쳐흐르는 것이다. 예수 그리스도도 그랬고, 마호메트도 마찬가지다. 그 외 종교 창시자, 수행자, 예술가 등이 자기실현을 이룬 순간 신비한 체험을 겪었다. 몸이 떠서 무아지경에 빠지며 빛으로 둘러싸이는 듯하다고 비교 종교학자들도 실례를 들어가며 서술한다.

석가의 깨달음이 도대체 무엇인지, 그가 겪은 심오한 종교 체험이 무엇인지 제대로 알기는 어렵다. 하지만 도취경에 몸을 맡기거나 황홀경에 취해 있는 것과는 다를 것이다.

석가가 부처라는 '깨달은 자'가 된 것은 '나의 본래 모습은 무엇인가' '나를 둘러싸고 있는 세계의 본래 모습은 어떠한가' 등을 잘 이해했음을 의미할 뿐이다.

『상응부경전』에 의하면, 석가는 "존경할 대상도 없고 공경할 대상도 없는 생활은 고통스럽다. 나는 어떤 슈라마나 혹은 브라만을 공경하며 가까이 모시고 살아야 할까?"라고 자문자답했다. 그 답으로, "혹시 내가 아직 충족하지 못한 계(戒), 정(定), 혜(慧)가 있다면, 그것을 성취하기 위해서 다른 슈라마나나 브라만을 가까이에서 모시며 살아야 할 것이다. 하지만 나는 이 세계에서 나보다 더 훌륭히 계를 성취한 자, 정을 성취한 자, 혜를 성취한 자를 본 적이 없다. 그렇다면 오히려 나의 법을 스스로 공경하며 가까이 모셔야 할 것이다."

여기서 '계'는 신체적 수행을, '정'은 정신적 수행을 가리킨다. 수레의 두 바퀴와 같은 계와 정을 불교의 가르침에 근거하여 배우고 체득하면 '혜'라고 불리는 지혜가 내면에서 용솟음친다. 법은 나, 그리고 나를 둘러싼 세계를 구성하는 우주의 법칙이다. 또한 만물의 규범이 되고 질서를 세우는 것으로, 석가가 만든 것이 아니라 세계에 이미 만들어져 있는 것이다.

석가는 계, 정, 혜를 통해 이 법을 깨달아 체득한 사람이다.

일본의 선사 도겐(道元)도 이런 깨달음을 본인 나름의 방식으로 체험한 사람이다. 그의 저작 『현성공안』에는 다음과 같은 구절이 있다. "불도를 배운다는 것은 나를 배우는 것이다. 나를 배운다는 것은 나를 잊는 것이다. 나를 잊는다는 것은 삼라만상을 이해하는 것이다. 삼라만상을 이해한다는 것은 나와 타인의 심신의 구분을 넘어가는 것이다." 즉, 자신이 삼라만상의 생명 활동 속에서 살아가고 있음을 알아차리는 것이다.

15편
세상은 상부상조하는 것이다

> 이것이 있을 때 저것이 있고,
> 이것이 생길 때 저것이 생긴다.
> 이것이 없으면 저것도 없고,
> 이것이 소멸함으로써 저것도 소멸한다.

『상응부경전(相應部經典)』

석가는 세상 모든 것이 시간상으로는 무상(無常)하고, 공간상으로는 무아(無我)로써 서로 연결되어 있다는 것을 간파하였다. 이것이야말로 이 세상의 진실이기 때문에 여타의 집착을 끊기 위해 스스로 노력하고 타인에게도 권했다.

이 경지를 '열반(涅槃)'이라고 하며, 번뇌라는 불을 꺼서 없애 버린 상태를 가리킨다. 번뇌는 무상과 무아를 이해하지 못한 채 이 세상이 불변한다고 여겨, 집착하며 괴로워하는 것이다. 무상과 무아를 이해하여 집착이나 번뇌를 초월했을 때 비로소 깨달음의 경지인 열반에 이를 수 있다.

예를 들어, 당신에게 사랑하는 연인이 있다고 해 보자. 서로 애틋하게 여기며 영원을 약속했지만 어떤 일로 연인의 사랑이 식어 버리면 당신은 어떻게 할 것인가? 어쩌면 괴로워하며 상대방을 비난하고 어떻게든 상처받은 마음을 되갚아주고 싶어 할지도 모른다.

불교적 관점에서 보면, 변하지 않는 영원한 사랑은 처음부터 존재하지 않는다. 하지만 사람들은 영원한 것이 존재한다고 믿는다. 시간이 지남에 따라 상태가 변화한다는 것을 이해하지 못하고 집착한다. 사랑을 키우기 위해 끊임없이 노력해야 한다는 사실을 잊는다. 나태해진 사이에 상황이 변하고 정열도 식는다. 결국엔 배신당했다고 생각하며 괴로워한다.

하지만 주의해야 할 것은, 영원한 사랑은 존재하지 않으니 상대방을 사랑하는 일이 어리석다고 단념하지 않는 것이다. 언젠가 관계가 깨질 것이 분명하니 적당한 거리를 유지하는 게 좋다고 생각해서도 안 된다. 사랑은 일방적으로 상대방에게 강요하는 것이 아니다. 함께 키워가는 것이다. 그러니 매 순간을 소중하게 생각해야 한다. 만에 하나 연인관계가 유지될 수 없게 된 순간이 오더라도 미련을 버리고 기존의 생활방식을 유지하는 것이 중요하다.

한 번 깨져버린 도자기는 아무리 접착제로 붙여도 원래 상태로 되돌리기 어렵다. 불교에서는 한결같이 과거에 구애되거나 과거 때문에 괴로워하면 안 된다고 가르친다. 세상을 있는 그대로 보고, 지금 이 순간을 의연하게 살아가라고 말한다.

있는 그대로의 모습이란 '연기(緣起)의 법칙'대로 작동하는 세상을 의미한다. 이것을 불교의 언어로는 '제행무상(諸行無常, 세상 모든 것은 끊임없이 변화한다)' '제법무아(諸法無我, 세상 모든 것은 고정적, 독립적 존재가 아니다)' '열반적정(涅槃寂靜, 집착이나 번뇌를 뛰어넘었을 때 편안한 깨달음의 경지를 얻을 수 있다)'이라고 한다. 총칭하여 '삼법인(三法印, 세 개의 법칙)'이라고 부른다.

석가는 이 법칙을 처음 발견한 사람이다. "이 법을 본 사람은 나를 본 것이다. 나를 본 사람은 이 법을 본 것이다." 석가 역시 이 법칙에 지배된 자이다. 이 법칙을 체현한 선구자에 지나지 않는다고 석가는 말하고 있다. 그는 자기 마음대로 이 법칙을 만든 자가 아니다. 믿든 믿지 않든 이 법칙은 엄연히 이 세상을 지배하고 있다. 우리들도, 세상 사물도 이 법칙을 따르고 있다.

16편
좋은 씨앗에서 좋은 열매가 난다

> 좋은 원인에서 좋은 결과가 나온다는 것을 이해하고,
> 나쁜 원인에서 나쁜 결과가 나온다는 것을 이해하여,
> 나쁜 원인을 제거해야 한다.
>
> 『대반열반경(大般涅槃經)』

누구나 괴로움에 시달리는 것을 싫어한다. 가능하면 그것을 피해 넘어가고 싶은 마음이 굴뚝같다. 하지만 여의찮은 사람이 많다. 숙제나 시험에 밤낮으로 괴로워하고 있는 수험생과 그 부모가 있고, 연인이 없거나 연인에게 차인 청춘남녀가 있다. 대출금을 갚지 못해 괴로운 직장인이나 좋은 아이디어가 떠오르지 않아 괴로워하고 있는 학자나 기업가도 있다. 모두

의 일생에 다양한 고뇌가 따라다닌다.

이런 인생이라면 살지 않는 편이 낫다며 세상을 비관하여 홀로 혹은 함께 자살하는 사람도 있다. 하지만 대부분은 아무리 괴로운 인생이라도 언젠가 좋은 때가 올지 모른다는 희망을 마음에 품고 산다. 괴롭지만 일희일비하면서도 울다가 웃는 하루를 보낸다.

아일랜드의 희곡작가 버나드 쇼는 다음과 같이 말했다. "인생은 괴로움이다. 두 인간 사이의 유일한 차이점은 고통의 강도가 조금 다르다는 것일 뿐이다." 석가도 고뇌야말로 인생의 진짜 모습이라고 여겼다.

자신이나 주변 사람을 돌아보라. 이 세상에서 살아가는 이상 고통을 겪지 않는 사람은 없다. 혹시 고통을 전혀 모르는 사람이 있다면, 신이거나 천재거나 아니면 광인일 것이다. 사물을 잘 분간하지 못하는 아기도 배가 고프면 배를 채울 때까지 운다. 어린이가 되면 가지고 싶은 것이 폭발적으로 늘어나 그것을 갖지 못할 때 괴로워 발을 동동 구른다. 사춘기 청소년부터 성인까지는 이런저런 욕망이 생기고, 충족하지 못할 때는 고뇌에 위협받는 삶을 산다. 삶 자체가 고통의 연속이라고 해도 과언이 아닐 것이다.

이렇게 그림자처럼 우리를 따라다니는 고뇌를 불교에서는 '사고팔고(四苦八苦)'라고 한다. 인간은 '생로병사(生老病死)'를 겪는다. 즉 태어나는 것, 늙는 것, 병들고 죽는 것 모두 인간이 피할 수 없는 사실이다. 이 사실을 받아들이지 않으려고 아등바등하는 데에서 생기는 고통을 '사고(四苦)'라고 한다. 이에 더해 사랑하는 사람과 이별해야만 하는 '애별리고(愛別離苦)', 싫어하는 사람과 만나야 하는 '원증회고(怨憎會苦)', 원하는 것을 얻지 못하는 '구부득고(求不得苦)', 넘쳐흐를 정도로 많은 것에 싫증이 나는 '오온성고(五蘊盛苦)'를 더해서 '팔고(八苦)'라고 한다.

그러나 석가가 '인생은 고통'이라고 설했다고 해서 인생을 비관하거나, 고통을 피해 어딘가로 은둔하거나, 시름을 달래기 위해 쾌락에 몸을 담그라는 뜻이 아니다. 어디를 가더라도 고통이 따르는 것은 변하지 않는다. 석가는 오히려 고통이라는 사실을 있는 그대로 받아들이고 그것을 디딤돌로 삼아 인생의 즐거움을 찾을 수 있다고 말한다.

17편
고통에는 원인이 있다

> 그들은 마음의 오염을 다 없애고,
> 음식에 구애되지 않고,
> 생각을 비우고,
> 인식 대상의 모습에 얽매이지 않으며
> 또한 해탈을 얻는다.
>
> 『법구경(法句經)』 93

명승 료칸(良寬)과 관련하여 다음과 같은 일화가 있다.

그가 만년에 투병할 때였다. 병상을 지키던 제자의 극진한 간호를 받았지만, 천하의 료칸도 극심한 고통을 견디지 못하고 단말마의 비명을 지르고 있었다. 그것을 곁에서 지켜보던 제자는 스승에게 여쭈었다.

"스승님과 같이 수행을 오래 한 분도 괴롭습니까?"
"인간인 이상 어쩔 수 없이 겪는 것이다."

료칸은 괴로워하는 호흡 속에서 답했다. 다음은 그가 세상을 떠나기 전에 남긴 시다.

안을 보여 주고, 밖을 보여 주고, 떠나는 단풍

'평소 수행을 많이 하고 신심이 깊은 사람은 죽음의 고통에서 벗어나지 않을까?' 하고 생각하는 사람이 종종 있다. 어느 정도 참는 것은 가능하겠지만, 인간인 이상 성인군자라도 생리적인 고통은 피할 수 없다. 그것을 피할 수 있는 경우는 이미 의식이 없어진 식물인간이 되었을 때뿐이다.

생리적인 고통은 약이나 주사를 통해 줄일 수 있다. 하지만 정신적인 고통은 이야기가 다르다. 사랑하는 자식을 잃은 사람은 밤낮 먹지도 자지도 못하고 울기만 한다. 자신의 죽음이 가까워진 것을 알게 된 사람은 남은 가족, 재산, 지위, 명예에 대한 불안과 고통에 괴로워한다. 하지만 모든 인간이 죽음이라는 사건을 100퍼센트의 확률로 겪는다.

죽음뿐 아니라, 우리들은 살아 있는 동안 이런저런 불안과 고통을 만난다. 이 고통의 굴레에서 벗어나지 못하고 끊임없이 걱정한다. 누구나 겪게 되는 이러한 인생의 고통을 석가

본인도 절실히 맛보았다. 그는 매 시각 죽음을 향해 나아가는 현실에 아연실색했다. 그리고 어떻게 하면 인생을 정말 편안한 마음으로 살아갈 수 있을까 생각했다. 이런 생각을 하게 된 것은 어찌 보면 당연한 일이었다.

석가는 인간이 고통을 피할 수 없다면 어떻게 대처하는 것이 좋을지 골몰했다. 앞에서 본 료칸처럼 우리 역시 투병할 때 고통을 받는다. 그것에 대해 의사는 어떻게 대처해야 하는가? 아마 환자의 호소를 듣고, 모든 수단을 마련하여 진료할 것이다. 먼저 병의 원인을 규명하고 병이 발생한 곳을 파악한다. 그다음 치료나 요양으로 병을 근절하고, 원래 상태로 돌아갈 수 있는 방법을 찾는다. 놀랍게도 석가는 2500년도 전에 의사의 오늘날 치료법과 유사한 방법을 택했다.

즉, 석가는 '고집멸도(苦集滅道)'라는 네 가지 진리가 인생과 관련된 문제를 해결하는 방법이라는 것을 깨달았다.

첫 번째 '고(苦)'의 진리는 인생이 사고(四苦) 혹은 팔고(八苦)의 연속이며, 이 세상을 살아가는 이상 피할 수 없음을 솔직하게 인정한 것이다. 두 번째 '집(集)'의 진리는 '고통에는 원인이 있다'는 것이다. 이와 관련하여 석가는 다음과 같이 말했다. "고통에는 원인이 있으니, 즉 어디에서든 즐거움을 찾고자 하는 갈애(渴愛)이다. 그것은 애욕(愛欲, 감각적 쾌락에 대한 욕구), 유애(有愛, 생존에 대한 욕구), 무유애(無有愛, 죽음에 대한 욕구) 등이다."

갈애는 팔리어로 '땅하(taṅhā)'라고 한다. 서양 정신분석학자가 말한 '인간이 살고자 하는 맹목적인 의지'라고 해도 좋다. 마치 목마른 자가 물을 찾는 것을 멈추지 않는 것과 비슷한 본능으로, 이것이 고통의 원인이다. 그 본능을 분석해 보면 애욕, 유애, 무유애가 있다. 즉 누구나 자신만 운이 좋고 오래 살고 또 편안하고 싶다는 이기적 본능을 가지고 있다.

세 번째 '멸(滅)'의 진리는 고통의 원인인 갈애를 '멸하는' 치료법이라고 일컫지만, 결코 본능의 존재를 부정하거나 지워버리는 것은 아니다. 그 본능에 얽매이지 않은 채 자신의 의지로 자신과 타인을 위해 효과적으로 사용하도록 권하는 것이다. 이것의 구체적 실행 방법으로서, 네 번째 '도(道)'의 진리가 제시된다. 다음 편에서 설명할 팔정도(八正道)가 그것이다.

18편

올바른 자세에 건강이 깃든다

> 가야 할 길을 다 가고 난 후
> 근심 없이 모든 것에 해탈하여
> 온갖 속박을 끊은 사람에게는 고통이 없다.

『법구경(法句經)』 90

우리는 모두 어떻게 해야 몸과 마음의 건강을 유지하고 행복하게 살 수 있을지 진지하게 생각한다. 이 물음과 씨름하며 행복의 길로 스스로 나아간 사람이 석가이다. 그는 몸과 마음의 건강을 위한 처방전을 제시했는데, 바로 '팔정도'라는 여덟 가지 실천 항목이다. 즉, 정견(正見), 정사유(正思惟), 정어(正語), 정업(正業), 정명(正命), 정정진(正精進), 정념(正念), 정정(正定)이다. 이것을 실천한다면 곧 몸과 마음의 건강을 유지하고 행복하게 될 수 있다.

'정견'은 모든 것을 있는 그대로 보는 것이다. "마맛자국도 보조개"로 볼 정도로 상대방에게 홀렸다가, 나중에 속았다며 울먹이는 것은 처음부터 상대방을 바르게 보지 않았기 때문이다.

'정어'는 올바르고 아름다운 말을 사용하는 것이다. 한 입으로 두말하여 신용을 잃거나 욕설을 퍼부어서 사람들과 멀어지는 이유는 정어를 사용하지 않았기 때문이다.

'정업'은 올바르게 행동하는 것이다. 커닝한 것이 발각되어서 퇴학당하거나, 뇌물을 받고 일을 허술하게 처리했다가 폭로되어 궁지에 몰리는 것은 정업을 행하지 않았기 때문이다.

'정명'은 올바르게 생활하는 것이다. 평소 건강 관리를 소홀히 하여 병에 걸리고서 어쩔 줄 몰라 하는 것은 정명과 거리가 멀다.

'정정진'은 올바른 노력을 하는 것이다. 게으르게 살면서 남의 떡으로 제사를 지내려 하고, 일확천금을 꿈꾸며, 일이 잘되지 않으면 투덜거리기만 하는 자는 정정진과 정반대이다.

'정념'은 올바른 주의력을 기울이는 것이다. 멍하게 있는 탓에 주변 상황을 제대로 보지 못하거나 계단에서 발을 헛디디는 때가 있다. 이는 정념을 행하지 않았기 때문이다.

'정정'은 정신을 통일하는 것이다. 대상에 온 마음을 쏟으면 다른 사람의 일에 주의를 빼앗기거나 불안해하지 않게 된다.

자신의 마음, 행동거지, 태도를 비롯한 모든 것을 올바르게 하는 것은 착실한 인생을 사는 데 필수불가결한 것이다. 이것들을 할 수 없다면 자기도 모르는 사이 병에 걸리고 스스로 파멸로 이끌게 된다.

'팔정도'에는 '올바른'이라는 단어와 의미가 반복적으로 사용된다. '올바른'은 어디에 고정되지 않고, 조화를 유지하는 방향으로 나아가는 것을 의미한다.

세상 모든 것이 제행무상(諸行無常), 제법무아(諸法無我)이며, 불안정한 상태에 있다. 그럼에도 안정된 방향으로 나아가는 것이 '올바른' 태도이다.

이것은 우리의 자의적인 판단에 근거하여 마음대로 정할 수 있는 것이 아니다. '연기(緣起)의 법칙'은 자연의 섭리이다. 존재하는 것들이 서로 부지런히 움직여 도달하는 곳이라고 해도 좋을 것이다. 석가는 이러한 '올바른' 방향성을 '중도(中道)'라고 불렀다.

19편
대립 속에도 방법이 있다

> 여래는 양극단을 떠나 중도를 설한다.
>
> 『잡아함경(雜阿含經)』 10

인간은 높은 수준의 예술과 문화를 만들었지만, 다른 한편으로는 추한 싸움을 일으켜 자신과 타인 모두에게 상처를 주었다. 강한 것 같으면서도 약하고, 착실한 것 같다가도 칠칠치 못하다. 우리는 늘 이상적이면서 동시에 현실적인 존재다. 가장 모순적인 존재일지도 모르겠다.

석가가 깨달은 것도 이런 양극단을 벗어난 중도적 관점이었다. 석가는 출가하기 전에 경험했던 쾌락과 출가 후의 고행 둘 다 깨달음을 위한 길이 아니라고 결론을 내렸다. 석가는 다음과 같이 제자들에게 가르쳤다. "나는 양극단으로 향하지 않고, 중도를 깨달았다. 중도는 통찰력을 키우고, 지혜를 키우고, 적정(寂靜), 증지(証智), 정각(正覺), 열반(涅槃)으로 이끄는 것이기도 하다." 그리고 비파의 줄을 예로 들었다. "비파의 줄이 너무 느슨하면 아름다운 소리를 낼 수 없다. 줄이 너무 팽팽하면 끊어져 버린다. 이와 같이 수행할 때 태만하면 마음이 해이해지고 너무 힘쓰면 긴장해서 마음이 폭발해 버린다. 그러니 몸과 마음 모두 적절히 중도를 유지하는 것이 좋다."

이 중도라는 것은 수학에서 말하는 중간, 즉 양극단 사이를 나누는 중간을 말하는 것이 아니다. 종이 한 장이 있다고 해보자. 종이에는 겉과 속이 없다. 따라서 종이가 자신의 겉과 속을 찾는 것은 어리석은 짓이다. 이러한 어리석음에서 벗어나 종이의 본래 모습을 드러내는 것, 이것을 중도라고 할 수 있다.

우리는 늘 일상생활의 편의를 위해 상하, 좌우, 전후, 동서, 남북, 표리, 선악, 옳고 그름, 아름다움과 추함 등 정반대의 두 개념을 대치시켜 사물을 판단한다. 하지만 이런 것은 부차적이며 실체가 없는 것이다. 그저 사회의 약속에 지나지 않는다. 그럼에도 관념 때문에 특정한 가치관을 지니게 된다. 심지어 어느 한쪽이 좋다고 생각해서 다른 쪽을 버린다. 그래서 양자 간에 분쟁이 발생하곤 한다. 이데올로기 대립, 정당 간의 불화, 남북문제 등 오늘날 세계가 직면한 문제는 모두 이런 상대적 이원론에 근거한 가치관 갈등에서 비롯되었다.

석가가 설한 중도는 서로 반목하는 자아의식을 중재해서 화해시키는 일시적 임시방편이 아니다. 모든 존재가 세상의 '연기(緣起)의 법칙'을 따르고, 행복을 위해 주어진 삶을 열심히 살아야 한다는 것을 가르치고 있다.

 팔정도를 실천한다는 것은 이 중도를 실행하는 것이다. 더불어 열반이라는 깨달음을 향한 여덟 가지 수단이라고 봐도 좋다. 물론 이 수행도를 실천한다고 곧바로 행복해지는 것은 아니다. 실천한다고 생각하지만 실상은 다른 경우도 있고, 실천하겠다고 말만 하고 게으름을 피우기도 한다. 그래도 이 수행도를 행하고 있다는 자각이라도 있는 것이 전혀 행하지 않는 사람보다 낫다.

 중도 속에서 정어, 정업, 정명이라는 의지적인 건전함(戒), 정념, 정정이라는 정서적인 건전함(定), 정견, 정사라고 하는 지성적인 건전함(慧)을 유지하고, 끊임없이 정정진하면 반드시 자신과 타인에게 좋은 영향을 끼칠 수 있을 것이다.

 이와 같이 본인의 생활 방식에 굳건함(戒), 깊음(定), 넓음(慧)을 보존하는 것을 총칭하여 '반야(般若)의 지혜'를 갈고 닦는다고 한다. 원래 반야라는 단어는 지혜를 의미하는 프라즈냐(prajñā)의 번역어다. 대승불교 경전 중에서 262자로 이루어진 『반야심경』이라는 유명한 경전이 있다. 바로 반야의 지혜를 설명하고 있으며, 이 지혜를 부지런히 갈고닦기를 권하고 있다.

20편
내 생명도 내 것이 아니다

> 성자는 생명이 있는 존재를 해치지 않는다.
> 살아 있는 모든 것을 해치지 않기 때문에 성자라고 불린다.
>
> 『법구경(法句經)』 270

우리는 석가와 같은 특별한 사람만 깨달음의 경지에 오를 수 있다고 여긴다. 그 경지는 수행 끝에 얻는 종교적 체험이기 때문에 보통 사람은 도달할 수 없다고 생각한다.

하지만 정말 그럴까? 깨달음은 일반인과 관계없는 특별한 사람들의 일인 것일까? 이런 생각을 지니면, "경지에 이른 사람은 특출난 사람이다"라며 감탄만 하거나 무관심하게 된다. 우리의 문제와 직접적인 연관이 없다고 여기는 것이다. 하지만 그렇지 않다. 우리도 일상생활 속에서 순간순간 깨달음을 경험할 때가 있다.

  수학 문제를 풀 때 이런저런 풀이 방식을 적용하며 악전고투하는 사이 생각지도 못한 곳에서 "아!" 하며 정답을 얻는 경우가 있다. 야구의 타격에서도 미숙한 사람은 투수가 던지는 공을 치지 못하고 무작정 배트를 휘두른다. 하지만 시행착오를 겪으며 연습하는 사이에 요령을 깨우쳐 공을 맞히게 된다.

  이렇게 "아!" 하고 깨우치거나 타격하는 요령을 알게 되는 것처럼, 인생의 벽 앞에서 "이게 인생의 진실이다!"라고 깨닫게 되는 경우가 있다. 논리적으로 따져서 이해할 수 있는 것은 아니다. 이 깨달음은 체험의 세계에 속하기 때문이다.

  이런 경지를 시인 바쇼(芭蕉)는 "자세히 살펴보니, 냉이꽃이 피었다. 울타리 옆에"라고 읊었다. 일본의 철학자 니시다 키타로(西田幾多郎)는 "직접 체험한 것에서 확고한 사실 하나를 발견할 수 있다. 보는 주체가 없다면 보는 대상인 객체도 없다. 마치 오묘한 음악에 마음을 빼앗겨 대상과 나의 구분을 잊을 때 아름다운 음악의 일부가 되는 것과 같다. 이 찰나에 진정한 실재가 나타난다"라고 했다.

  이들이 체험한 것은 일상의 현상 세계 속에 숨어 있는 '생명의 근원'이었다. 제삼자가 "그것이 무엇인지 설명해 달라"라고 부탁해도 "형언하기 어렵기" 때문에 쉽게 답할 수가 없었다. 석가가 이 근원을 접하고 깨달았을 때도 그저 염화미소

(拈華微笑)만 지어 보였다고 한다.

  우리는 자신의 생명을 자신의 소유물이라고 생각한다. 하지만 그 생명은 모든 생명을 살게 하는 근원으로부터 파생된 것이다. 나 혼자 독립적으로 살아 있는 것이 아니다. 생명의 근원을 다른 생명과 공유하고 있다는 점을 망각하면, 자신과 타인의 생명을 구별하며 자신만 살아남으려고 하게 된다.

  많은 이들이 다양한 허구적 세계 속에 안주하고자 한다. 그럴수록 인간들 간의 경쟁, 대립, 반목만 생긴다. 스스로 목을 조르며 괴로워하고 있는 형국이다. 석가는 이러한 생활 방식이 진실과 멀다는 것을 알아차렸다. 즉 서로 생명의 공통 분모가 되는 근원을 접하고, 자신의 생명은 타인의 생명이기도 하다는 것을 깨달은 것이다.

21편
모든 것에 깨달음이 있다

> 타인을 높이고 자신을 낮추는 것이 좋다.
> 만족을 알고 은혜를 기억하는 것이 좋다.
> 시간이 날 때 가르침을 받는 것이 좋다.

『경집(經集)』

어떤 학생들은 수업이 나에게 필요 없다, 나와 관계가 없다, 어려워서 이해할 수 없다, 재미없다는 여타의 이유를 대면서 시간이나 때우겠다는 생각으로 수강하고, 심지어 결석을 일삼는다. 그저 졸업에 필요한 학점을 받는다면 충분하다는 안이한 생각으로 통학하고 있다. 대부분 학생이 고액의 수업료를 내고 대학교에 입학했을 것이다. 그렇다면 더욱이 청춘을 헛되이 보내서는 안 된다.

아직 미숙한 학생의 입장에서 수업을 쓸모없는 것이라고 일방적으로 결정하고—물론 쓸모없는 강의도 있는 것이 사실이다—귀를 닫은 채 아무것도 배우지 않으면 안 된다. 쓸모없는 강의라 해도 '나라면 그렇게 가르치지 않을 것'이라고 생각하며 다른 관점으로 배운 내용을 공부해 볼 수도 있을 것이다. 교육을 받는 것은 그저 가르침을 습득하는 것이 아니다. 적극적으로 배움에 임하겠다는 다짐을 소중히 유지하는 것이 중요하다.

얼핏 보면 쓸모없어 보여도 조금 더 귀를 기울이면 지금까지 알아차리지 못했던 좋은 점을 배울 수도 있을 것이다. 쉽게 자신에게 필요하지 않다고 결정을 내리는 것은 껍질 속에 숨은 것과 같다. 스스로 만족해 버리기 때문에 자기 발전을 꾀할 수 없게 된다. 이런 사람들을 우물 안 개구리라고 한다.

석가의 제자 아난다는 이십오 년간 스승의 곁을 지켰다. 게다가 스승이 말한 것은 일언일구(一言一句)도 놓치지 않겠다고 다짐하여 노력했다. 그 결과 나중에 '다문제일(多聞第一)의 제자'라는 호칭을 받았다. 그럼에도 시자(侍者)가 되었을 때 다음과 같은 조건을 내걸었다.

"스승님, 혹여라도 제가 이해하지 못한 것이 생기면 이해할 때까지 가르쳐 주세요. 제가 없을 때 설하신 가르침을 저를 위해 한 번 더 설명해 주세요."

이를 들은 석가는 즐거워하며 이 조건을 승낙하고, 그대로 행했다고 한다.

후기불교 중 하나인 티베트 라마교에 다음과 같은 격언이 있다. "제자가 준비되면 스승이 나타난다." 아무리 좋은 스승이 있더라고 가르침을 들을 귀가 있는 제가가 없다면, 보석이 썩게 놔두는 것이 되어 버린다. 그런 점에서 석가는 좋은 제자를 거느렸다고 해도 좋을 것이다.

"견문촉지(見聞觸知)하면 모두 보살에 가까워진다"라고 했다. 우리가 보고 듣고 접촉하는 모든 것에 깨달음으로 이끄는 어떤 것이 담겨 있다. 아무리 보잘것없어 보이는 것에 대해서도 허심탄회하게 귀를 기울이고 배우려는 자세를 갖추어야 한다.

제2장

고독과 고통을 이해하다

22편
가르치는 것이 배우는 것이다

> 어리석은 자가 어떤 생각을 떠올렸는데,
> 타인을 이롭게 하려는 마음이 없다면,
> 도리어 스스로 좋은 운을 망치며 본인의 머리를 아프게 한다.

『법구경(法句經)』73

깨달음을 얻은 석가는 원래 보리수 아래에 앉아서 '과연 이 체험을 타인에게 전달해야 할까'를 상당히 고민했던 것 같다.

석가의 체험은 누구든지 쉽게 경험할 수 있는 것이 아니었다. 사람은 노력하기보다는 게으른 것을 좋아한다. 이에 깨달음을 가르쳐도 아무도 이해하지 못해 결국 헛수고로 끝나지 않을까 걱정한 것이다.

이런저런 생각을 하며 주저하고 있을 때 범천(梵天, 고대 인도 최고의 신)이 나타났다.

"아, 스승께서 가르침을 설하지 않으신다면 세상은 멸망할 것입니다. 스승이여, 가르침을 설하십시오. 세상에는 번뇌라는 먼지가 상대적으로 적은 사람도 있습니다. 그들은 가르침을 들을 기회를 얻지 못하면 타락하겠지만 가르침을 들을 수만 있다면 깨달음을 얻을 수 있을 것입니다."

석가는 범천의 간청에 고개를 끄덕였다.

"깨달은 내용을 나 혼자만 가슴 속에 품고 있어서야 되겠는가. 역시 사람들에게 전달하고 번뇌가 있는 사람을 구제해야 하지 않겠는가."

그리고 사람을 불쌍히 여기는 마음을 일으키며 결연히 말했다.

"이제 나는 감로(甘露)의 문을 열겠다. 귀가 있는 사람은 듣고 낡은 믿음을 버려라. 범천이여, 나는 이전에 마음을 정하지 못해서 이 미묘한 법을 설하지 않았던 것이오."

범천이 석가 앞에 나타났다고 하는 이 전설은 도대체 무엇을 의미하는가?

여기서 말하는 범천은 당시 사람들이 믿던 우주의 창조신이다. 우주의 본원으로 간주되었던, 힌두교의 핵심적 신앙 대상이었다.

그 범천이 석가에게 가르침을 설할 것을 간청했다는 것은,

범천 자신이 석가의 가르침을 따르고, 브라만교의 신자들에게 기존의 가르침을 버리고 석가의 가르침을 따르라고 권장했다는 것을 의미한다.

우리 인생에서도 이런저런 것을 배움과 동시에 배운 것을 세상에 전할 기회가 있다. 이 중 어느 것도 결코 가벼이 여겨서는 안 될 중요한 운동이다.

배우는 것만으로 만족하고 고고함을 유지하는 사람도 있다. 자신에게 축적된 배움이 세상에 환원되지 않기 때문에 사람들을 이롭게 할 수도 없다. 배운 것은 철저하게 음미하고, 배움에서 얻은 좋은 체험은 다른 사람에게 전달해야 한다. 그런 신진대사가 있어야지만, 자신의 생명이 세상에 살아남고 사회의 진보에 일조할 수 있다. 이 자리(自利)와 타리(他利)를 이해한 석가는 자신이 깨달은 내용을 타인에게 전하겠다고 결심하였다. 그 덕분에 그의 가르침이 오늘날까지 전달되었다.

23편
인생은 물레방아와 같다

> 바르게 설해진 가르침을 듣고, 몸은 그 가르침을 따른다.
> 이런 사람들이야말로 넘기 어려운 죽음의 경지를 넘어서고 피안에 도달한다.
>
> 『법구경(法句經)』 86

우리 인생은 마치 물레방아와 같다. 물레방아의 아래쪽 절반은 물의 흐름을 따르고, 위쪽 절반은 물의 흐름과 반대로 돌아간다. 물레방아 전체가 물속에 들어가 있으면 돌지 못하고 휩쓸려 내려간다. 물에서 완전히 떨어져 있으면 아무런 동력을 얻지 못한다.

물레방아와 물의 흐름의 관계는 나와 세상이 맺는 관계와 비슷하다. 내가 세상 속에 완전히 들어가 있으면 시류에 휩쓸리게 된다. 그렇다고 시류에서 벗어나서 고고함을 유지하고 있으면 헛바퀴만 돌 뿐이다. 몸의 반을 시류에 담그고 적응하는 동시에 나머지 반은 시류를 거슬러 진정으로 해야 하고, 하고 싶은 일에 전념해야 한다. 이렇게 세간도과 출세간도를 함께 추구하는 것이 인간으로서 갖추어야 할 모습이라고 생각한다.

석가는 불교 포교를 위한 여행길에 나서서, 바라나시로 향했다. 그곳은 힌두교도의 성지이다. 시내를 관통하는 갠지스강에서 목욕하면 몸과 마음의 죄와 오염이 정화되어 사후에 천국에 태어난다고 믿었다. 석가는 도중에 많은 브라만과 슈라마나를 만났는데, 포교하는 방법이 미숙했던지 개종하겠다는 사람이 없었다. 이에 다시 바라나시에서 동북쪽으로 약 7킬로미터 떨어진 녹야원으로 발걸음을 옮겼다. 그곳에서 이전에 함께 수행했던 동료 슈라마나 다섯 명을 만났다.

그들은 석가를 보면서 서로 "저 친구는 고행 정진을 포기하고 다시 사치에 빠졌던 자이다. 예를 갖출 필요가 없다"라고 수군거렸다. 그러다가 석가가 가까이 오자 "친구여"라고 불렀다. 하지만 석가는 이에 응하지 않았다.

"그대들은 저의 이름을 부를 수 없습니다. 또한 친구라고 부를 수도 없습니다. 저는 이제 여래입니다. 최고의 깨달음을 얻은 자이고, 세상으로부터 공양을 받아야 할 자입니다. 그대들은 잘 들으십시오. 저는 이미 불사(不死)의 가르침을 얻었습니다. 그것을 이제 설하겠습니다. 설한 것을 따라 수행한다면, 오래지 않아 최고의 범행(梵行)을 성취할 것입니다. 그대들이 집을 버리고 출가했던 목적을 달성할 수 있을 것입니다."

그들은 석가의 말을 진지하게 받아들이지 않았다. 하지만 석가는 그들의 반응에 개의치 않고 가르침을 진심으로 설하였다. 세 번에 걸친 설명 끝에 석가는 다음과 같이 물었다.

"그대들은 이전에 저의 얼굴빛이 지금과 같이 빛나는 것을 본 적이 있습니까?"

그들은 비로소 이해하고 석가의 제자가 되겠다고 서원했다고 한다.

후세의 불제자들은 석가가 처음으로 자신이 깨달은 내용을 타인에게 전한 이곳을 '초전법륜(初轉法輪)'의 땅으로 기념한다. 또한 불교를 '자리타리(自利他利, 나에게도 타인에게도 이익이 됨)'의 종교로서 전 세계에 퍼지게 한 출발지로 보고 있다.

24편
의지할 곳은 오직 나뿐이다

> 두 사람이 같은 길을 걷지 말아라.
>
> 『율장(律藏)』「대품(大品)」

석가가 포교를 시작한 장소인 사르나트는 인도 각지로부터 브라만교도가 순례를 위해 모이는 바라나시로부터 조금 떨어져 있는 곳이다. 바람과 햇볕이 부드러운 곳이고, 순례 지역의 바깥에 있어서 자유사상을 이야기하며 수행하는 슈라마나가 모이는 도시였다.

석가는 이곳에서 자신의 깨달음을 사람들에게 전하기로 했다. 이 계획 자체가 혁신적이었는데, 당시 인도 사회를 지배하고 있던 전통적인 브라만교 성지의 바깥에서 가르침을 전했기 때문이다. 여기에는 석가가 그들을 각성시키겠다는 의지가 반영되어 있다.

어느 날에 바라나시의 양갓집 자제 야사라는 자가 거리를 돌아다니고 있었다. 그는 우연히 석가를 마주쳤는데, 마침 혼잣말로 탄식하고 있었다.

"이 세상을 살아가는 일이 어찌 이리 힘든가?"

이 말을 듣고 석가는 그에게 인간의 욕망에 끝이 없음을 설했다. 그리고 그것을 뛰어넘을 때 진정한 행복과 즐거움에 도달할 수 있다고 이야기했다.

석가가 설명한 내용이 마땅히 이해할 수 있는 것이었기 때문에, 야사는 석가에게 귀의하여 출가했다. 이어서 야사를 따라 그의 부모와 부인도 재가신도가 되었다. 또한 야사가 귀의했다는 소식을 들은 다른 양갓집 자제 비말라, 수바후, 뿐나지, 가밤빠띠도 석가의 허락을 구하고 출가하여 수행에 정진하여 아라한의 경지에 도달하였다.

이처럼 제자들이 예순한 명으로 늘어나자, 석가가 말했다.

"수행자들이여, 저는 천상의 것, 인간계의 것, 모든 것의 속박에서 벗어났습니다. 그대들도 또한 천상의 것, 인간계의 것, 모든 것의 속박에서 벗어났습니다. 많은 사람의 이익을 위하여, 많은 사람의 행복을 위하여, 세상의 사람을 구제하기 위하여, 신들과 인간의 이익, 행복을 위하여 걸어 나가시오. 두 사람이 한길을 걷지 마시오. 처음이 좋고, 중간이 좋고, 끝이 좋게, 의미와 표현을 모두 갖춘 가르침을 설하시오. 완전히 청정한 행동을 보이시오. 번뇌를 적게 가진 사람이 있지만 가르침을 듣지 않아서 태만합니다. 하지만 가르침을 듣는다면 그들은 이해할 것입니다. 수행자들이여, 저도 또한 가르침을 설하기 위하여 우루벨라의 마을 세나에 가겠습니다." 이 포교 선언에 촉발되어, 많은 제자가 결사의 각오로 그리고 단신으로 인도 각지로 향했다.

그중에는 뿐나와 같은 사례도 있다. 부루나 역시 석가의 제자로서 포교를 자원했다. 하지만 석가는 그의 의지를 시험해 보기 위해 포교를 허락하지 않았다. 부루나가 이에 굴하지 않고 세 번이나 청하자 석가는 그제야 포교를 허락했다. 뿐나는 변두리에 있는 스나파란타에 단신으로 뛰어들었다.

불교는 타인에 의지해서는 안 된다는 것을 강조하고 있다. 기독교에서는 선교사에게 두 명이 함께 가는 것을 권한다고 하니 이와 대조적이다.

25편
욕망에는 끝이 없다

> 집착하고 있을 때는 악마에게 속박된다.
> 집착이 없을 때는 악한 것으로부터 해탈한다.
> 『상응부경전(相應部經典)』

석가가 깨달음을 얻은 후 탁발을 위해 거리로 나간 어느 날이었다. 거리는 축제로 북적여 석가에게 음식을 공양하는 사람이 없었다.

 빈손으로 돌아오자 악마가 석가 앞에 나타났다. "다시 거리로 돌아가며 공양을 받으시지요." 그러자 석가는 "얻는 것이 없어도 보시다시피 즐겁게 살고 있습니다. 저 광음천(힌두교 신)과 같이 저희는 기쁨을 먹고 살고 있습니다"라고 답하며, 악마의 유혹을 물리쳤다.

또 어느 날에는 악마가 불교를 퍼뜨리기 위해서는 정치적 개혁이 필요하다며, 석가에게 그 권력을 주겠다고 했다. 그때도 석가는 유혹을 물리쳤다. "설산을 바꾸어 황금으로 만들고 그것을 두 배로 불려도 한 사람의 욕망을 채울 수 없습니다. 이렇게 알고, 여러분들은 바르게 행동하시오." 석가는 모든 유혹을 물리치고 이때 깨달은 내용을 전파했다.

그때 석가의 제자 라다가 물었다. "악마라고 하시는데, 악마가 도대체 무엇입니까?" 이에 석가는 "색(色)이 악마이다. 라다여, 이 말을 이해하고, 마음에 새긴 사람은 색을 멀리하기 때문에 해탈한다"라고 답했다. '색'은 자아의식이라고 할 수도 있겠다. 인간의 욕망은 물질적, 경제적인 것뿐만 아니라, 명예욕, 권력욕, 식욕, 성욕, 수면욕 등 끝이 없다. 자기실현을 목적으로 이 욕망들을 충족시키려고 할수록 악마로 의인화된 존재의 유혹을 받는 것으로 간주하였다.

그러니 욕망―불교에서 무명(無明)이라고 부르고, 기독교에서 원죄라고 부르는 것―에 휘둘리고 그것이 원하는 대로 몸을 움직이면 악마에 지배되어 인간성을 상실하는 것과 같다. 석가는 이를 경계하고 있다.

26편
게으름은 죽음과 같다

> 정진(精進)이야말로 불사의 길,
> 방일(放逸)*이야말로 죽음의 길이다.
> 스스로 갈고닦는 데 힘쓰는 자에게는 죽음이 없고,
> 게으름에 빠진 자는 생명이 있어도 이미 죽은 것과 다름없다.
>
> 『법구경(法句經)』 21

아무리 석가의 가르침이 훌륭해도 그것을 이해하고 실행하지 않는다면 그림의 떡에 지나지 않는다.

석가는 제자들에게 팔정도와 중도 등 인간이 걸어가야 할 올바른 길을 제시했는데, 이것을 이해하기 쉽게 요약한 「칠불

---

* 거리낌 없이 방탕하게 놂.

통계게」라는 실천 덕목이 있다. '칠불'이란 석가 이전 세상에 깨달음을 얻어서 부처가 된 여섯 명에 석가를 추가한 것으로써, 그들이 대대로 실천해 온 가르침을 가리킨다. 이 내용은 『법구경』에 기록되어 있고, 후에 『법화경』「오백제자수기품」에도 소개하고 있다.「칠불통계게」는 다음을 가리킨다.

제악막작(諸惡莫作): 일체의 악을 행하지 않는다.
중선봉행(衆善奉行): 모든 선을 실행한다.
자정기의(自淨其意): 스스로 마음을 깨끗하게 한다.
시제불교(是諸佛敎): 이것이 모든 부처의 가르침이다.

어느 날 중국 당나라의 시인 백락천(白樂天)이 도림선사(道林禪師)라는 승려를 만나 물었다. "불교란 어떤 가르침입니까?" 그러자 선사는 이「칠불통계게」를 보여 주었다. "그런 것은 세 살짜리 어린아이도 알고 있는 것입니다." 백락천은 이 구절은 이미 알고 있다며 조소했다. 선사는 이에 굴하지 않고 대답했다. "세 살짜리 아이도 알고 있을지 모르지만, 팔십 세 노인도 실행하기 어려운 것입니다." 백락천은 선사의 대답에 말문이 막혔다.

물론 여기서 설명하고 있는 '악을 행하지 않고 선을 행하는' 것은 도덕이다. 불교 외의 다른 종교에서도 설하고 있다.

하지만 스스로 마음을 깨끗하게 한다는 점에 불교만의 독특한 사고방식이 나타난다. 물론 악을 행하지 않고 선을 행하는 것만으로도 대단한 일이다. 하지만 그런 세상의 상식에 머물지 않고 자신이 선을 행하고 있다는 의식마저 없어진 무아의 경지에 들어가서 주위 사람들과 함께 즐거워할 수 있는 상태가 되는 것을 권하고 있다.

이것은 '악을 행해서는 안 된다'고 생각하는 것에 그치는 것이 아니다. 악을 행하고 싶어도 행할 수 없는 상태이며, 선을 행하겠다는 마음도 필요 없이 모든 행동이 명경지수(明鏡止水)와 같이 맑은 상태이다. 즉 '마음이 맑아서 그 얼굴도 맑은' 상태에 이르기까지 자신을 고양해야 한다.

조금 다른 이야기지만, 충치는 어른, 아이 할 것 없이 많은 사람을 괴롭게 한다. 어느 치과의사는 다음과 같이 말했다. "중요한 것은 치아를 닦는 것이 아니라, 치아가 닦여 있는 상태를 유지하는 것이다." 치아가 닦여 있는 상태라면 충치가 생기지 않는다는 것이다. 이것은 충치뿐만 아니라 우리 인생 문제에도 적용될 것이다. 중요한 것은 "스스로 연마하는 것이 아니라, 연마된 자신이 되는 것"이 아닐까?

늘 갈고닦은 상태에 있는 자는 그 자체로 중요하며, 연마하는 수단은 이차적이라는 것을 알 수 있다.

27편

인간은 그 행위로 귀해진다

> 불성(佛性)*을 가지고 있기 때문에
> 중생을 보는 것에 차별이 없다.
>
> 『대반열반경(大般涅槃經)』

어느 날 석가가 다섯 제자를 데리고 포교를 위한 여행을 시작했다. 그가 돌아다니던 마가다국에는 많은 사람이 신앙하고 있던, 불을 숭배하는 브라만교가 성행하였다. 까샤빠라고 불리던 세 형제가 그 교단을 이끌고 있었다. 그들에게는 각각 오백, 삼백, 이백 명, 총 천 명 정도의 수행자가 있었다.

  석가는 먼저 우르벨라에 근거지를 둔 장남 까샤빠가 있는

---

* 진리를 깨달은 부처의 마음.

곳으로 가서, 그와 대론(對論)하여 그를 개종시켰다. 그다음 차남과 삼남이 있는 곳으로 가서 집단 개종시켰다. 한낱 일개 슈라마나에 불과한 석가가 전통적인 브라만교 수행자를 집단 개종시켰다는 것은 당시로서는 큰 사건이었다. 이는 석가의 감화력이 얼마나 뛰어났는지 여실히 보여 준다.

이를 전해 들은 마가다의 국왕 빔비사라는 일부러 석가가 제자들과 수행하고 있는 가야쉬르산에 가서 한 번에 천 명도 넘는 사람들을 집단 개종할 수 있었던 이유를 물었다. 석가는 장남 까샤빠에게 그가 받은 가르침을 이야기하게 하였다.

까샤빠의 깨달음에 깊이 감명한 왕은 그의 가르침을 자신의 성이 있는 라자그리하에서 또 한 번 듣고 싶었다. 왕은 성 근처에 있는 정사에 석가를 초대하고 석가에게 정사를 맡겼다. 이것이 유명한 죽림정사이다. 현재도 유적으로 남아 있다.

석가의 교단은 처음으로 포교의 거점을 마련하고, 국왕이나 일반 민중의 폭넓은 지지를 받으며 급속히 발전하게 되었다. 그곳에 귀의했던 사람 중에는 이전에 소개했던 육사외도 중 한 사람인 상쟈야의 수제자였던 목갈라나와 사리뿟다를 포함한 이백오십 명의 제자도 있었다. 초기불교 경전에는 까샤빠 무리가 이끌었던 제자 천 명을 더하여, 석가 교단의 초기 중심 구성원이 천이백오십 인이라고 기록되어 있다.

그 후 석가는 자신이 태어난 고향 까필라바스뚜에 향하여 그곳에서 많은 제자를 얻었다. 그중에는 여성이나 천민 출신도 있었다. 이것은 인도 유사 이래 처음 있는 사건이었다. 예부터 여성의 지위는 낮았고, 태어난 계급에 의해 신분의 상하가 있었다. 여성이나 천민이 평등하게 취급받는다는 것은 꿈에도 생각할 수 없는 것이었다. 석가가 그렇게 차별받아 왔던 사람들에게도 불법(佛法) 앞에서는 평등하다고 설하며 동등한 구원의 손길을 내밀었다는 것은 획기적인 사건이었다.

안타깝게도 오늘날에도 같은 인간이면서 타인을 차별하고도 아무렇지 않은 얼굴을 한 사람들이 있다. 어째서 외모나 신분, 출신 가정, 성별, 학력, 수입 정도를 근거로 타인을 차별하려 하는가.

글머리의 구절이나 『경집』에 기록된 "인간은 출생 가문에 의해 귀해지는 것이 아니라, 그의 행동거지에 의해 귀해지는 것이다"라는 구절은 우리에게 얼마나 큰 용기를 주는가? 이런 가르침을 통해 오히려 남을 차별하는 사람들의 천박한 마음가짐을 가엾게 여기는 여유를 얻을 수 있다.

28편
학생이 있어야 교사가 있다

> 서둘러서 일을 처리하는 자는
> 법도에 머물 수 없다.
> 지혜가 있는 자는
> 옳은 것과 옳지 않은 것이 무엇인지 탐구한다.

『법구경(法句經)』 256

석가의 포교 방법은 남녀노소, 빈부, 계급의 구분 없이 누구에게나 평등하게 가르침을 전하는 '대기설법(對機說法)'이었다. 즉 듣는 사람의 성격과 능력에 맞춰 이해하기 쉽게 가르친 것이다. 일반적으로 잘 알려진 사례를 예시로 삼아 이야기를 시작했으며, 병에 맞게 약을 쓰듯이 사람들을 진정한 행복으로 이끄는 불교의 가르침을 설명하였다.

이것은 당시 브라만들로서는 생각할 수 없는 것이었다. 그들은 자신의 스승으로부터 배운 가르침을 비밀에 부치고 공개하기를 꺼렸다. 가르침의 궁극적인 의미를 소수의 사람에게만 전했다. 불교는 이와 대조적이었다.

또한 석가는 대중에게 어려운 산스크리트어가 아닌 그가 도착한 지역의 언어와 일상어를 사용하여 이해를 도왔다. 그것이 제자들에 전승되어 훗날 초기불교 경전으로 정리되었다.

불교가 인도에서 중국으로 전승되어, 중국의 일반 사람들에게 전승될 때도 같은 방법이 사용된 것 같다. 중국의 선(禪)불교 어록집 『벽암록』에 "줄탁동시(啐啄同時)"라는 단어가 있다. 병아리가 태어날 때 알 속에서 소리를 내며 껍질을 쪼면, 이에 반응하여 어미 닭이 알 바깥에서 같은 곳을 쪼는 것이다. 이 둘의 행위가 일치할 때 알의 껍데기가 갈라지고 병아리가 무사히 태어나게 된다.

하지만 이것이 일치할 확률은 사 분의 일 정도라고 한다. 어미 닭이 껍질 바깥에서 너무 일찍 쪼면 병아리가 미숙아 상태에서 태어난다. 반대로 병아리가 알 속에서 충분히 자랐는데도 어미 닭이 눈치채지 못하면 사산한다. 어미 닭과 병아리가 모두 알맞은 시기를 맞추지 못한 채 껍데기를 쪼면 기형아가 태어나는 것이다.

어미 닭과 병아리의 이런 관계는 선(禪)불교의 깨달음을 전승하는 '사자상승(師資相承, 스승에서 제자에게로 법이 전해짐)'을 비유하는 것이다. 교화하는 사람과 교화되는 사람의 관계도 이와 같다. 아무리 스승인 어미 닭이 소리 높여 "전도(傳道)"를 외쳐도, 제자인 병아리가 의지가 없으면 소용이 없다. 병아리가 의지가 있다고 해도 어미 닭이 무능력하면 사산한다. 둘 다 무능력하면 전도의 기회는 전혀 없다.

이럴 때 기술적인 문제나 경제적 상황은 부차적이다. 그런 것은 수단일 뿐 목적이 아니다. 교화는 어디까지나 마음이 서로 맞는 관계에서 이루어지는 것이다. 이런 '들숨과 날숨의 호흡'이 잘 맞아떨어지지 않으면, 인간관계에 기초한 어떤 일도 제대로 이루어지지 않는다.

상대가 무엇을 원하는지, 또 전도하려는 사람이 상대에게 무엇을 전하려고 하는지, 이 수요와 공급이 일치할 때 전도의 성과가 나타난다.

29편

질투는 겉과 속을 망가트린다

> 말이 번지르르하고 용모가 아름답지만,
> 속으로 질투하고 아쉬워하는 마음을 가지며
> 정직하게 말하지 않는다면,
> 그 사람은 아름다운 사람이 아니다.
>
> 『법구경(法句經)』 265

 예부터 "사촌이 땅을 사면 배가 아프다"라고 하듯이 어느 시대에나 인간에게는 남을 시기하고 질투하는 기질이 있다.
 어떤 대학교수는 정년퇴직을 하자마자 집필이나 강연 의뢰가 줄어들었다. 시간을 가지고 변화에 적응해 가던 중에 동년배 친구가 자신의 최근 저작물을 선물하며 서평을 부탁하였다. 그는 "울화가 치밀어 견딜 수 없었다"라고 고백했다. 세간에서 청빈하고 뛰어나다고 존경받는 고승도 "물욕을 끊기는 쉬웠다. 육체적 욕구를 끊는 것도 장년기를 지나니 별거 아니게 되었다. 하지만 마지막까지 나를 괴롭힌 것은 다른 승려에 대한 좋은 평판을 들을 때 느끼는 질투심이었다"라고 술회했다.

이렇게 보면, 인간인 이상 경쟁상대인 동료가 자신을 추월하며 위풍당당한 모습을 보면 침착해지기가 어렵다. 상대방을 진심으로 칭찬할 수 있는 사람은 보통 인격자가 아닐 것이다.

석가에게도 다음과 같은 에피소드가 전해진다.

석가가 세상을 돌아다니며 포교하자 자연스레 명성도 높아졌다. 어느 날 석가의 사촌 데바닷따는 석가에게 출가를 문의했다. 하지만 석가는 "너는 출가해서 불도를 수행하기 적절하지 않다. 집에서 수행하는 것이 좋겠다"라고 출가를 허락하지 않았다. 이에 데바닷따는 분함을 견디지 못하고 다음과 같이 선언했다. "석가는 내가 출가해서 수행하면 자신의 명성을 위협할 거로 생각해 강하게 거절한 것이다. 정말 편협한 생각이다. 내가 출가하는 것이 그렇게 싫어한다면, 석가 도움 없이 나 혼자 힘으로 삭발하리라." 그리고 스스로 석가족의 자손이라고 호기롭게 말했다. 데바닷따는 어떤 수행자로부터 기초적인 신통력을 배운 후 자신의 교단을 조직해 많은 제자를 거느리게 되었다.

이것을 전해 들은 석가의 제자들은 스승을 찾아갔다. "최근에 데바닷따가 신통력을 얻고 그 명성이 세상에 널리 퍼졌습니다. 스승님의 명성을 넘보는 지경에 이르렀습니다. 이에 대응하여 무언가 대책을 세워야 하지 않을까요?" 석가는 미소를 지으며 "너희들은 그런 것을 걱정할 필요 없다. 데바닷따는 고작 신통력을 얻었지만 도리어 지옥, 아귀, 축생이라는 삼악도(三惡道)에 떨어질 것이다. 또한 그의 명성과 덕망도 머잖아 실추될 것이다. 그는 틀림없이 몸과 말과 행동으로 악행을 저지를 것이기 때문이다"라고 답했다.

아니나 다를까. 데바닷따는 자신의 신통력을 과신하고 권력을 휘둘렀다. 점점 극악무도한 행위를 범하더니 신통력까지 잃었다. 나날이 분노가 깊어져서 석가를 제거해 버리려고 시도하다가 결국 지옥의 모진 고문에 시달렸다.

"남을 저주하면 자기에게도 재앙이 돌아온다"라고 했다. 이와 같이 다른 사람을 시기하는 자는 자신의 품위나 직위도 잃어버리는 함정에 빠지게 된다는 점을 기억하지 않으면 안 된다.

30편

악행은 언젠가 대가를 받는다

> 오악(五惡)의 결과가 아직 무르익지 않았을 때는
> 악업을 행한 사람도 행복을 느낄 때가 있다.
> 하지만 악의 결과가 무르익게 되면,
> 그 사람에게 곧 불행이 다가온다.
>
> 『법구경(法句經)』 119

"나쁜 일을 행하는 사람들이 행운을 만나고, 저는 열심히 노력하는데도 불운만 따르는 건 왜일까요?"라며 세상을 원망하는 사람이 있다. 확실히 악의 과보가 무르익지 않았을 때는 악행을 거듭하는 사람도 행운이 따르는 경우가 있다. 하지만 악의 결과가 무르익게 되면 불운이 따르게 된다.

마찬가지로 선한 행동을 해도 그 과보가 무르익지 않았을 때는 불운이 닥쳐오기도 한다. 하지만 선의 과보가 언젠가 무르익으면 행운이 찾아온다. 그것이 언제일지는 우리가 알 수 없다. 하지만 악인악과(惡因惡果), 선인선과(善因善果)라는 인과응보의 원리는 틀리지 않는다. 과거의 많은 사례가 이를 잘 증명한다.

석가가 살아 있을 당시 깔로다인이라는 남자가 있었다. 그는 석가와 같은 날에 태어났다고 알려져 있다. 청년 고타마가 출가했을 때 그를 따라서 출가하여 제자가 되었다. 하지만 제멋대로였던 그는 집단생활을 따르고는 있어도 밤마다 후배들을 데리고 나가서 새 사냥을 하고, 비구니를 혹사하고, 후궁들의 나체를 훔쳐보며 즐거워하고, 이전 아내와 무릎을 맞대고 이야기하고, 여성 신자의 몸을 만지기도 했다. 이런 악행을 거듭하고도 아무렇지도 않은 듯한 얼굴을 하고 있었다. 이에 석가는 비구들이 하지 말아야 할 일들로 계율을 정하고 깔로다인을 비롯한 모든 제자로 하여금 이를 지키도록 하였다.

깔로다인도 자신의 죄를 깨닫고, 열심히 수행자로서 석가를 섬겼다. 다른 이들의 신망도 얻으며 매일 수행해 나갔다. 심지어는 슈라바스띠에 사는 브라만으로부터 깊은 존경을 받았다고 한다.

그러던 어느 날 젊은 도적 두목이 많은 수하를 거느리고 슈라바스띠에 왔다. 브라만의 아내는 도적 두목을 보고 한눈에 반해 몰래 정을 나누는 사이가 되었다.

  어느 아침 깔로다인은 이 둘의 관계를 알아차리고 부인에게 그런 관계를 그만두라고 조언했다. 놀란 부인은 도적의 두목에게 둘의 관계가 남편의 귀에 들어가면 큰일이라고 말했다. 부인은 도적을 계속 꼬드겼다. 어느 날 밤 깔로다인은 도적의 부름에 응하고 돌아가는 길에 인적이 없는 비료창고 옆에서 기다리고 있던 도적떼에 의해 살해당하고 목이 잘려 비료창고 안으로 던져졌다.

  석가는 이를 알고, 그의 시신을 수습하여 정성스럽게 화장했다고 한다.

  세상만사 새옹지마로서 우리가 어떤 일에 마주칠지 알 수 없다. 하지만 타인에게 손가락질당하지 않는 바른 삶을 살아간다면 어떤 일에 마주치더라도 후회는 없을 거로 생각한다.

31편
모든 행동의 결과는 나에게 돌아온다

> 내면에 나쁜 생각을 품고 있는 사람,
> 또는 죄를 저지른 사람이 지은 깊은 악업은
> 강물로도 정화할 수 없다.
>
> 『중부경전(中部經典)』

어느 날, 석가가 라자그리하 근처 날란다에서 포교를 하고 있을 때였다. 석가는 그곳의 촌장과 다음과 같은 문답을 주고받았다.

촌장이 석가에게 물었다.

"서쪽에서 온 브라만은 물통을 휴대하고, 백합 화환을 가지고 다니며, 불을 숭배하고, 죽은 자의 이름을 불러 천상계에 태어나게 해 주고자 합니다. 선생님도 사람들이 죽으면 이와 같이 천상에 태어나 좋은 곳으로 인도해 주십니까?"

이를 들은 석가는 다음과 같이 답했다.

"만약 여기에 이런 사람이 있다고 해 봅시다. 그는 살인자고, 도적이고, 쾌락에 탐닉하고, 거짓을 말하며, 천박한 단어를 내뱉고, 악한 생각만 하며, 어떻게 손쓸 도리가 없는 난폭한 사람이라고 해 봅시다. 지금 그 사람이 죽었을 때, 사후에 좋은 곳으로 가게 해 달라고 많은 사람이 그를 위해 기도하고 예찬하고 합장한다고 해 봅시다. 그러면 그 사람은 사후 천상에 갈 수 있을까요?"

촌장은 "그런 일은 상상할 수 없습니다"라고 말했다.

석가는 계속해서 물었다.

"가령 큰 암석을 깊은 호수에 빠뜨렸다고 합시다. 많은 사람이 모여서 '돌이여 떠올라라'라고 말하며 합장하고 기도하며 호수 주위를 돈다면, 그 기도로 말미암아 암석이 떠오를 수 있을까요?"

촌장은 "그런 일은 없습니다"라고 답했다.

석가는 비로소 "그렇습니다. 아무리 주문을 걸고, 합장하고, 기원해도 그것은 아무 효과가 없습니다"라고 설명했다. 촌장은 그의 설명에 납득하였다.

또 어느 날 석가가 물로 정화하는 의식을 행하고 있는 브라만을 만났다. 브라만은 석가에게 물었다. "선생님은 어떤 강에 가서 물로 정화하는 의식을 행하십니까?" 이때 석가가 글머리의 구절대로 대답했다. "목욕을 한다 해도 깊은 악업은 강 속에서 사라지지 않습니다. 강은 그저 수조일 뿐입니다."

당시 사람들은 죄업을 범해도 브라만 승려가 주문을 외워 주거나 강에서 몸을 씻으면 죄가 사라진다고 믿은 듯하다. 하지만 석가는 생각이 달랐다. 그러한 의식으로 죄가 사라지고 사후에 좋은 곳에 태어날 수 있다면 살아 있는 동안 선업을 쌓을 필요가 없지 않을까? 석가는 "지옥에서의 일도 돈으로 좌우되어" 인류의 도리도 소용없게 된다고 생각했다.

석가의 가르침은 '인과응보(因果應報)'의 도리에 근거한다. 좋은 상황을 맞이하는 것도, 나쁜 상황을 맞이하는 것도 모두 자업자득으로서 자신이 행한 일의 결과는 반드시 자신에게 돌아온다. 이것을 아는지 모르는지 오늘날에도 평소 자신의 악업이나 나태함을 문제 삼지 않다가 무슨 일이 생기면 '어려울 때는 신에게 의지'한다고 주술 따위의 도움으로 구원받으려는 자가 얼마나 많은가.

최근 초·중등 학생을 대상으로 신앙을 조사해 보면, 신불(神佛)을 믿는 아이들은 적지만 악업을 지으면 벌을 받는다고 믿는 아이들은 많다. 어린아이라 할지라도 나쁜 일을 하면 언젠가 그 과보를 받는다는 것을 믿고 있다. 이 과보를 신이나 부처가 직접 벌한다고 믿는 것은 아닌 듯하다. 하지만 눈에 보이지는 않지만 무언가가 잘못된 행위에 대해 벌을 내린다고 믿고 있는 듯하다. 이것 모두가 선인선과(善人善果), 악인악과(惡人惡果)의 도리에 포함된다.

32편

애정과 애욕은 다르다

> 독이 가득한 맹렬한 애욕에 굴복한 사람은
> 저 무성한 풀과 같이 근심만 늘어간다.

『법구경(法句經)』 355

어느 날, 석가가 우르벨라 지역에 포교를 나섰을 때였다. 혼자서 숲속에 들어가 나무 아래에서 쉬고 있는데 여러 젊은이가 숲속에서 소란을 피우며 우왕좌왕하고 있었다. 석가가 있는 것을 보고 근처에 와서는 "여기에 어떤 여자가 도망쳐 오지 않았습니까?"라고 물었다.

사정을 들어 보니, 삼십 명 남짓 정도의 젊은이 무리 중 하나가 여자를 데리고 왔는데 그들이 놀고 있는 사이 여자가 젊은이의 귀중품을 훔쳐 달아났다고 한다. 그래서 그 여자를 찾고 있다는 것이다.

그러자 석가는 젊은이들에게 질문했다.

"젊은이들이여, 부녀를 찾아다니는 것과 자기 자신을 찾는 것 중 무엇이 더 중요합니까?"

석가의 물음에 정신이 든 젊은이들이 대답했다.

"당연히 자신을 찾는 것이 더 중요합니다."

"그러면 모두 여기에 앉으시오. 내가 그대들에게 자신을 찾는 방법을 가르쳐 드리겠소."

석가는 젊은이들에게 인생의 의미에 대해 설했다. 그러자 젊은이들은 자신들의 무책임한 생활을 반성하고 석가의 제자가 되었다고 한다.

최근 남녀의 애욕 때문에, 헤어지자는 이야기에 격분해 칼부림으로 이어지는 사건이 끊임없이 일어나고 있다. 사랑하는 사람에게 거절당하는 것이 싫어서, 부정하게 얻은 금품을 주고받으면서까지 몸과 마음을 다 바치다 결국 후회하는 사건도 다수 발생하고 있다.

예부터 "남성은 부끄러움 때문에 목숨을 버리고, 여성은 남성 때문에 생명을 버린다" "여성은 남성에게 모든 것을 바쳤을 때 세상을 주었다고 생각하지만, 남성은 장난감을 하나 받은 정도로만 느낀다"라는 말이 있다. 사람은 일단 자신을 허락하고 나면 상대에게 약해지고 필사적으로 매달리는 것 같다. 그래서 배신당하면 욱하게 되고 상대를 비난하고 끝까지 쫓아가려고 한다. 현명한 사람은 단념하고 관계를 분명하게 끝내버리지만 대체로 미련을 버리지 못하고 질긴 연을 끊지 못해 몸부림친다.

애초부터 '만남은 헤어짐의 시작'이라는 각오를 하고 있다면, 진흙탕에 발을 담그는 어리석음을 피할 수 있다. 서로를 잘 알지 못하고 불장난의 유혹에 올라타면 불 속에 뛰어드는 나방과 같이 된다. 세상의 많은 싸움은 애정과 애욕을 구별하지 못하는 데서 발생한다.

33편
작은 불도 그냥 지나칠 수 없다

> 아무리 작더라도 불을 가볍게 여기지 말라.
>
> 『잡아함경(雜阿含經)』 46

'사소하다면 나쁜 일을 해도 괜찮지 않을까? 누구든 그런 일을 크게 작게 하고 있다'라며 대수롭지 않은 생각으로 악행을 저지른다고 해보자. 처음에는 사소한 것이라도, 그것이 어느샌가 쌓이고 쌓여서 큰일이 되기도 한다. 그렇게 된 후에 허둥지둥해도 이미 늦어서 인생을 망치는 경우가 있으니 조심해야 한다.

"성냥 한 개비가 화재의 근원"이니 남은 불씨도 주의하지 않으면 큰 화재의 원인이 되는 경우가 종종 있다. 내가 대하는 것이 불이 아니라 인간이라도 마찬가지다. 상대방이 어리더라도 용모가 추하더라도 무명이거나 가난하더라도 함부로 얕보거나 업신여기면 나중에 돌이킬 수 없다.

어느 날 석가가 슈바라스띠 교외에 있는 기원정사에 체류할 때 꼬살라국의 쁘라세나짓왕이 석가의 뛰어남을 듣고 처음으로 정사를 방문하였다. 아직 젊었던 석가의 모습을 보고 왕이 물었다.

"선생님, 당신이 최고의 깨달음을 얻었다고 주장하는 겁니까?"

석가는 자신감 있는 모습으로 대답했다.

"왕이시여, 그렇습니다. 만약 이 세상 최고의 깨달음을 얻었다고 말할 수 있는 사람이 있다면, 그것은 바로 저일 것입니다."

"하지만 선생님, 많은 제자를 이끌고 사람들로부터 스승이라고 추앙받으며 명성이 드높은 슈라마나나 브라만은 얼마든지 있습니다. 하지만 그들에게도 최고의 깨달음을 얻었냐고 물으면 명확하게 답변하지 못합니다. 당신은 나이가 젊고, 출가한 지도 얼마 되지 않은 것 아닙니까?"

석가는 스물아홉에 출가하여 깨달음을 얻은 지 얼마 되지 않은 서른다섯 살이었다. 아직 마흔도 되기 전이었다. 그런 청년 석가가 최고의 깨달음을 얻었다고 하였으니 수상쩍게 생각하는 것도 이상한 일이 아니다. 이에 석가는 다음과 같이 답했다.

"왕이시여, 젊다고 업신여기지 마십시오. 불도 작다고 경시해서는 안 됩니다. 또한 비구도 출가한 지 얼마 안 되었다고 멸시해서는 안 됩니다."

이것을 듣고 왕은 감복하여, 석가의 가르침에 귀의했다고 한다.

연공서열이 버젓이 통용되는 나라에서는 젊은이들이 "풋내기"라고 업신여김을 당한다. 하지만 실력본위의 장소에서는 아무리 나이가 젊어도 훌륭한 식견과 실력을 가진 자가 빛을 낸다. 미국의 하버드대학교에서 스무 살의 교수가 마흔, 쉰 살의 나이 든 대학원생을 가르치는 것도 본 적이 있다.

34편
내가 꺼리는 것은 남도 꺼린다

> 사람들이 폭력에 억눌리고 있다.
> 내 입장과 바꿔 생각하라.
> 죽여서는 안 되고 죽게 둬서도 안 된다.
>
> 『법구경(法句經)』 129

다음은 『소부경전』에 기록된 일화이다. 석가가 기원정사에서 슈바라스띠 마을로 나오는 길에 어린아이가 작은 개울가에서 물고기를 잡으며 즐겁게 놀고 있는 것을 보았다. 그런데 아이들이 잡은 물고기를 잔인하게 때리고 있었다.

이에 석가가 아이들에게 물었다.

"얘들아, 너희들 다른 사람에게 심하게 혼나는 거 안 좋아하지?"

아이들은 "네, 저희는 혼나기 싫어요"라고 답하며, 잡은 물고기를 다시 개울에 풀어주었다.

어른도 아이도 모두 이처럼 스스로 잘못을 깨닫고 다른 사람을 해치지 않겠다는 마음을 먹는다면 얼마나 좋을까? 하지만 현실에서는 그렇지 않은 경우가 더 많다. 특히 부유한 나라의 대도시에서는 흉악 범죄가 점점 더 성행하는 것 같다.

최근에는 흉악 범죄가 증가하고 무고한 사람까지 사건에 연루되어 살해당하거나 다치는 일이 생기고 있다. 이러한 경향은 대도시일수록 현저하다. 그 원인으로 여러 가지가 언급되지만, 사람들 간의 내적 연결고리가 약해졌기 때문으로 예상된다. 자신의 욕망을 충족하기 위해 타인의 고통 따위 상관없다는 풍조가 강해진 것이 가장 큰 요인이다. 가정생활이 붕괴하고 밖에 나가면 유혹의 마수가 도처에 기다리고 있는 도시에서는 웬만한 자제심과 양심으로 유혹을 떨치기 어렵다.

심지어 이러한 풍조가 도시에서 지방으로, 어른에서 아이로 확대되고 있다. 어린이나 학생이 부모나 교사를 때리고 상처입히는 등 있을 수 없는 사건이 발생하고 있다. 범행의 직접적 동기는 미숙한 본인에게 있겠지만 범죄로까지 이어지게 된 원인은 현대 사회의 풍조나 가정환경에서 찾아야 할 것이다.

못된 장난으로 다른 사람을 곤란하게 하거나 고통에 빠뜨려도 그냥 웃어넘기거나 재미난 일이 일어난 것으로 여기는 풍조가 널리 퍼져 난장판이 되어 있다. 허구와 현실의 구별이 어려운 미성년자가 이를 아무렇지도 않게 모방하는 것은 어찌 보면 당연하다. 그리고 이를 알고 있는데도 내버려두는 것도 보통 문제가 아니다. 예부터 "자신을 꼬집어 보고 다른 사람의 고통을 알라"라는 격언이 있다. 서로가 서로의 입장이 되어서 행동해야 한다는 것을 어린 시절부터 알고 배울 필요가 있다.

35편
몸은 마음을 따라간다

> 사람은 화가 치밀면 선한 것도 악한 것이라고 말한다.
> 나중에 화가 가라앉으면 불에 데인 듯 고통스럽다.
>
> 『석가자설경(釋迦自說經)』

석가가 슈라바스띠 교외 기원정사에서 있을 때, 비구 두 명이 서로 싸운 적이 있다. 이 일화가 『상응부경전』에 기록되어 있다.

발단은 이러하다. 한 비구가 다른 비구에게 잘못했는데 잘못한 비구가 진심으로 사죄하였음에도 용서해 주지 않고 소리를 지르며 상대의 죄를 책망한 것이다. 이들의 갈등을 가만 지켜볼 수 없었던 비구들이 석가에게 자초지종을 보고하였다. 이야기를 전해 들은 석가는 다음과 같이 말했다.

"비구들이여, 죄를 범하고 죄를 인정하지 않으면 안 된다.

또한 죄에 대해 사죄했는데도 그 사죄를 받아들이지 않으면 안 된다. 이 두 가지를 행하는 자는 어리석은 자가 된다. 비구들이여, 그에 반해 죄를 범하고 죄를 인정하는 자는 훌륭하다. 또한 누군가 죄에 대해서 사죄하면 그것을 받아들이는 자도 훌륭하다. 이 둘 모두 현자라고 불린다."

또한 같은 정사에 상가라바라는 브라만이 석가를 방문하여 다음과 같은 질문을 한 적이 있다.

"저는 사물이 올바로 보이지 않을 때가 있습니다. 왜 그런 것입니까?"

석가는 다음과 같이 답했다.

"가령, 여기 그릇에 물이 담겼다고 해 봅시다. 이 물이 탁하면 사람이 자신의 얼굴을 비추어도 있는 그대로 볼 수 없을 것입니다. 그와 마찬가지로, 사람의 마음이 이런저런 탐욕으로 탁해지고 휘몰아치고 있으면 어떻겠습니까. 거기에 얼굴을 비추어도 제대로 볼 수 없을 것입니다. 그와 마찬가지로 사람의 마음이 분노로 가득 차 있으면 어떤 것도 있는 그대로 볼 수 없습니다."

화가 나서 마음이 어지러우면 상대방을 제대로 볼 수 없다. 그런 마음 상태는 날카로운 칼날과 같아서 타인을 해칠 뿐만 아니라 자신도 상처입힌다. 그리고 그런 상태로는 꽃등에도 잡지 못한다.

석가는 그런 인간의 어리석음을 간파하고 늘 명경지수의 마음 상태에 있을 것을 권했다. 이것은 과거에도 현재에도 변하지 않는 진리이다. 어떤 사람이라도 감정이 앞서면 올바른 사고가 불가능하다.

36편
어리석음을 두려워할 필요 없다

> 쭐라빤타까여,
> 너의 어리석음을 두려워하거나,
> 슬퍼하지 말아라.
>
> 『증일아함경(增一阿含經)』 11

석가의 제자 중 쭐라빤타까는 유독 기억력이 좋지 않았다. 다른 오백 명 남짓한 제자들과 함께 수행했지만, 스승의 말씀을 다시 욀 수 없었다. 세간 사람들은 "저래서 석가의 제자가 될 수 있겠나"라며 그를 경멸하였다. 그가 혼자 정사 바깥에서 서성거리며 슬퍼하고 있을 때, 석가가 그에게 다가왔다. "어째서 거기서 멍하니 서 있는가?" 쭐라빤타까가 사정을 설명하자 석가는 글머리의 『증일아함경』에 기록된 대로 그를 위로하였다. 그리고 쭐라빤타까에서 빗자루를 하나 주었다. "'더러움을 없앤다'라는 말을 큰소리로 반복하면서 먼지를 쓸어 보아라. 그러면 그것으로 충분하다." 쭐라빤타까는 스승의 말대로 묵묵히 수행하였다. 그 결과 "인간 세상의 미혹은 먼지와 때와 같다. 지혜는 마음의 빗자루이다"라는 스승의 가르침을 몸소 깨닫고, 다른 제자들보다 더 빨리 깨달음을 얻을 수 있었다.

오늘날 교육을 돌이켜 생각해 보면, 부모와 자식 모두 입시 경쟁에만 매달려서 올바른 인간을 만드는 데 힘을 쏟기보다는 유명한 학교에 입학시켜 좋은 성적을 받는 데 급급하지 않은가. 학교 교사도 현실 사회에 그다지 쓸모없는 지식을 주입하는 데 열중하고 학생들을 학습 시간만 채워서 무사히 졸업시키면 된다는 소극적 태도로 얼렁뚱땅 넘어가고 있다.

부모 중에는 자식을 대학에 입학시키기 위해있는 없는 돈까지 쏟아부어서 은밀히 법의 테두리를 넘어 기부금을 내는 자도 있는 것 같다. 정말 어리석음의 극치이다. 무리하게 자식을 대학에 입학시켜도 결국 주눅만 들 뿐이다. 긍지는커녕 오명만 남는다. 이래서는 먹이만 주며 키운 통닭구이용 닭과 같은 아이들만 키우게 된다. 그렇게 많은 교육비를 들여도 실속이 없고, 귀중한 청춘들이 에너지와 시간 낭비를 하게 된다. 이렇게 되어서는 안 될 것이다.

이로써 영리한 사람이 된다면 다행이다. 하지만 그저 조그마한 지식을 뽐내며 이론은 그럴듯하게 설명하지만, 뭐 하나 제대로 하지 못하는 인간이 되는 것을 의미한다면 큰 문제다. 이력서는 본인을 평가하는 최초의 기준이다. 현실에서는 본인의 전인적 행동이 효력을 발휘한다. 자신에게 붙은 상표는 별로 통용되지 않는다. 허울뿐인 인간을 만드는 것보다는 쭐라빤타까와 같이 어리석어 보이지만 제 역할을 다하는 인간을 키우는 것이 사회에 훨씬 더 좋다.

영국의 평론가 콜튼은 "똑똑한 자는 어리석은 자와 마찬가지로 어리석음을 지니고 있다. 하지만 그 둘은 다르다. 어리석은 자의 어리석음은 세상 사람들이 다 알지만 본인은 모른다. 반면 똑똑한 자의 어리석음은 본인은 잘 알고 있지만 세상 사람들은 모른다"라고 갈파하였다. 최근 지능형 범죄가 증가하고 있다. 세상 사람들이 잘 모르는 곳에서 나쁜 짓을 저지른다. 이런 인간이야말로 어리석은 자의 범죄보다 더 엄하게 처벌되어야 한다. 『법구경』에도 "어리석은 자가 자신이 어리석다고 생각한다면, 이를 통해 현명하게 된다. 어리석은데도 자신이 지혜롭다고 생각한다면, 그는 정말 바보라고 불러야 한다"라고 했다.

37편

행복한 삶은 작은 관계부터 시작된다

> 정신없이 열심히 꽃만 따는 자는
> 끝없는 애욕에서 헤어 나오지 못하고
> 결국 죽음에 정복당한다.
>
> 『법구경(法句經)』 48

현대인은 고도경제성장 덕분에 물질적으로 큰 풍요를 누리며 쾌적한 생활을 보낼 수 있게 되었다. 그러나 여전히 일상용품을 집에 쌓아두거나 돈을 모으는 데 열중하여 더 나은 생활을 꿈꾼다. 하지만 돈을 가지고 있어도 쓸 시간이 없다. 멋진 양복이나 액세서리를 가지고 있어도 치장하고 나갈 장소나 기회가 없다.

또한 경제적 혜택을 받은 사람을 우러러보면서 허세와 사치를 부려 월급이 압류될 정도로 대출을 받아 가정파탄에 이르는 일도 다수 일어난다. 확실히 돈이 있으면 원하는 것을 살 수 있고, 하고 싶은 것을 할 수 있다. 하지만 돈을 벌려고 악착같이 일해서 결과적으로 행복해졌는지 묻고 싶다. 어쩔 도리없이 진짜 보석을 썩히고 있는 건 아닌지 의문스럽다.

미국 역시 "돈이 인생의 전부다"라는 배금주의에 치우친 경쟁사회의 폐해에 대해 논의하고 있다. 인간을 전인적으로 파악하려는 움직임이 많아지고 있다.

무일푼에서 억만장자가 된 폴 마이어의 말을 빌려오자면, 성공하는 이상적 인간은 금전, 지위, 권력을 인생의 최종 목표로 삼는 자가 아니다. 건강, 사회생활, 교양, 정신, 경제, 가정생활 전반에서 조화를 유지하면서 자신의 잠재적 가능성을 추구하는 사람을 가리킨다. 이와 같은 생활 방식을 실현하는 데 성공한 사람이 행복할 수 있다고 한다.

석가는 이 여섯 가지 측면에 만전을 기해야 한다는 것을 이미 『육방예경』에서 설한 바 있다. 부모와 자식 관계가 원활하면 건강을 지킬 수 있다. 친척 및 지인과의 관계를 잘 지키면 사회생활을 원만히 해낼 수 있다. 스승과 제자 관계를 잘 지키면 교양을 쌓을 수 있다. 승단과 세속 간의 관계를 알면 정신을 단련할 수 있다. 노동을 성실히 하면 경제활동에 어려움이 없다. 부부 관계를 잘 유지하면 가정에 평화가 온다. 『육방예경』은 위의 내용들을 예를 들어가며 설명하고 있다.

또한 위의 여섯 가지를 모두에 신경을 쓰기 이전에, 그 중심에 있는 자신부터가 주체적으로 살아갈 것을 권하고 있다. 이것이 석가가 룸비니에서 태어난 직후 일곱 걸음을 걸으며 오른손은 위를 왼손은 아래를 가리키며 "천상천하유아독존(天上天下唯我獨尊, 하늘에도 땅에도 나는 대체불가능한 유일한 존재이다)"을 선언했다는 일화에서도 그 의미를 확인할 수 있다.

즉, 일곱 걸음을 옮긴다는 것은 여섯 가지 측면을 포함하면서 그보다 한 걸음 더 나아간 것이다. 인간으로서 이 세상에 태어난 이상 인생을 잘 살아야 한다는 것, 그저 생활을 잘해 나가는 것을 넘어 더 나은 인생을 살아 낼 것이라는, 이상적인 인간의 모범적 자세를 나타내고 있다.

38편
안주할 곳은 내 마음에 있다

> 깊은 연못이 맑고 고요한 것처럼,
> 마음을 가진 자는 도(道)를 들으면 마음이 편안해진다.
>
> 『법구경(法句經)』 85

우리는 언제 어디서나 혼자이다. 주위에 아무리 나의 기분을 잘 알아주는 가족, 친구가 있어도, 또한 그들과 아무리 일체감을 느끼고 있다고 해도 결국 인간은 고독한 존재라는 점은 변하지 않는다. 인간은 고독한 존재이면서 고독을 견디지 못하는 존재이기도 하다. 그래서 늘 대화 상대를 찾고 자신의 기분을 표현하고자 한다.

옛날 인도 뽀따리라는 마을에 앗사까라는 왕이 있었다. 왕은 움바리라는 왕비를 너무나 사랑하였다. 하지만 이 왕비가 병으로 쓰러져 얼마 뒤 죽고 말았다. 왕은 비탄에 잠긴 나머지 먹지도 마시지 않고 매일 왕비의 유해를 자신의 침대 옆에 두고 슬퍼하였다. 신하들은 왕을 위로할 방법을 찾기 위해 노력했지만 소용이 없었다. 그렇게 많은 날이 지난 어느 날 히말라야 지역에 사는 선인(仙人)이 왕을 방문하였다. 신하들이 왕의 상태를 전하자 "혹시 왕이 알고 싶어한다면 왕비가 다시 태어난 곳을 알려 주겠습니다. 그녀와 이야기를 나누게 해줄 수도 있습니다"라고 말했다. 왕은 크게 기뻐하며 곧바로 왕비가 있는 장소로 안내하라고 명을 내렸다.

선인은 왕을 데리고 정원으로 나갔다. 쇠똥구리 두 마리가 쇠똥을 굴리고 있는 모습을 가리키며 말했다. "왕이시여, 이 중 한 마리가 왓파리 왕비입니다. 지금은 전하를 떠나 쇠똥을 먹는 쇠똥구리의 아내가 되었습니다." 심지어 선인이 쇠똥구리를 부르니, 방울이 울리는 듯한 아름다운 왕비의 목소리로 대답이 들려왔다. 왕은 쇠똥구리에게 물었다. "그대는 생전의 남편이었던 내가 좋습니까, 아니면 쇠똥구리 남편이 좋습니까?" 이에 쇠똥구리는 "저는 전생에서는 분명 왕에게 사랑받고 즐겁게 지냈습니다. 하지만 지금의 저에게 전생의 일이 무슨 의미가 있겠습니까. 지금은 쇠똥을 먹는 남편이 너무도 사랑스럽습니다"라고 답했다. 그러자 왕은 놀라며 신하들에게 왕비의 유해를 수습하여 화장하라고 명했다.

이 이야기는 서양의 『이솝우화』에 필적하는 불교 설화집 『본생경』에 수록되어 있다. 가장 사랑하는 사람과 사별했을 때 감정을 정리하지 못하는 인간의 습성을 이야기하고 있다.

살다가 견디기 힘든 일에 부딪히면 놀라서 어쩔 줄 몰라 하기 마련이다. 의지하던 동아줄이 끊긴 것처럼 홀로 이 세상에 남겨졌다는 고독감에 괴로워한다. 그리고 어떻게 해야 할지 모르는 상태가 된다. 하지만 이런 때야말로 '태어난 자는 반드시 죽는다'는 진실에 눈을 뜨고 굳은 결심으로 씩씩하게 헤쳐 나가야 한다. 그래야 행복하게 살아갈 수 있다. 그런 사람이 육체의 변화에 휘둘리지 않고, 정신세계에 안주할 수 있다.

39편
봉사는 고통에서 우리를 해방한다

> 사람들은 자신의 이익을 위해 관계를 맺고 타인에게 봉사한다.
> 오늘날 이익을 목표로 하지 않는 친구를 얻기 어렵다.
> 자신의 이익을 위해 달리는 사람은 추하다.
>
> 『경집(經集)』

석가가 돌아다니며 탁발을 하고 있었는데, 어떤 농부가 다가와 그를 힐문했다. "저희는 이렇게 밭을 일구고 씨를 뿌려 먹을 것을 얻고 있습니다. 당신도 스스로 경작하고 씨를 뿌려 먹을 것을 얻어야 하지 않겠습니까?" 석가는 이에 "말씀하신 대로입니다. 저도 경작합니다. 씨를 뿌리고 수확하여 먹을 것을 얻습니다"라고 바로 대답하였다.

농부는 이 대답의 의미를 이해하지 못하고 되물었다. "하지만 저는 당신이 밭을 갈거나 씨를 뿌리는 모습을 본 적이 없습니다. 당신의 쟁기는 어디에 있습니까? 당신의 소는 어디에 있으며, 어떤 씨를 뿌립니까?" 이 농부는 실제로 육체노동을 하여 수확물을 생산한 자만이 음식을 얻을 권리가 있다고 생각하였다. 다른 사람으로부터 물건을 보시받아서 생활하는 자는 불로소득자이며 음식을 얻을 권리가 없다고 생각한 것이다. 그때 석가가 다음과 같은 게송으로 설명을 이어갔다고 『잡아함경』에 전해진다.

> 지혜는 내가 사용하는 쟁기이고, 믿음은 내가 뿌리는 종자입니다. 몸과 말과 생각으로 나쁜 행위를 하지 않는 것은 내 밭에서 잡초를 뽑는 것입니다. 정진은 내가 끄는 소입니다. 행하면서 물러나지 않고 행하면서 슬퍼하지 않으며 나를 편안한 경지로 이끌고 있습니다. 이와 같이 나 역시 경작합니다. 그 수확물은 감로(甘露)의 열매입니다. 사람은 이 경작을 통해서 일체의 고통으로부터 해방될 것입니다.

우리는 형체가 있는 것을 생산하지 않으면 음식을 얻을 권리가 없고 또 남을 도울 수 없다고 생각하는 경향이 있다. 그렇다면 교사, 변호사, 의사, 상인, 프로야구선수, 운전사 등은 물건을 생산하지 않으니 음식을 얻을 권리가 없다는 결론에 빠지게 된다. 하지만 이들도 형체가 없는 지혜, 기술로서 봉사하고 있는 것이다.

  육체노동으로 형체가 있는 것을 생산해야 일을 한다고 여기기 마련이다. 물론 나름대로 존중받아야 하지만, 이것만이 일이라고 생각하는 것은 지나치다. 석가가 살던 시대는 상업 활동이 도시에서 발생하고, 지적 산업도 대두되던 시기였다. 특히 오늘날과 같이 정보산업 시대가 되면서 두뇌를 사용하지 않으면 안 되는 분야나 직업이 중요해지고 있다.

  인간관계가 복잡해지면서 사람들 간 다툼이나 갈등을 조정하고 해결하는 전문가가 부족한 실정이다. 변호사나 상담사의 양성이 수요를 따라가지 못하는 오늘날 현상을 생각하면, 석가는 선구자적 존재라고 할 수 있다.

40편

백 년보다 제대로 된 하루가 낫다

> 무상(無上)의 진리를 보지 못한 사람이
> 백 년을 사는 것보다
> 무상의 진리를 본 사람이
> 하루를 사는 것이 낫다.

『법구경(法句經)』 115

지구의 하늘에는 그물망과 같이 항공로가 그려져 있다. 매일 수만 대의 비행기가 하늘을 날아다니고 있다. 단시간에 멀리 떨어진 곳에 도착할 수도 있다. 비행 중 특별한 사고만 일어나지 않는다면 비행기만큼 쾌적하게 여행할 수 있는 운송수단은 없다. 그러나 하네다 공항 사고나 스페인 마드리드 공항 추락사고와 같이 한순간에 다수의 사상자를 내는 일이 발생하여 아비규환 지옥과 같은 상황이 벌어지기도 한다.

나 역시 국내외 여행할 때 비행기를 이용한다. 그리고 지금까지 두 차례 위기에서 벗어나 구사일생한 적이 있다. 최초는 지금부터 십수 년 전 호놀룰루에서 하네다로 귀국할 때였다. 이륙한 지 몇 시간 지나서 태평양 한가운데를 날아가고 있을 때 제트엔진 중 하나가 제어 불능 상태가 되었다. 하네다까지 직행할 수가 없어서 중간에 있는 어느 섬에 불시착했다. 다시 착륙할 때까지의 수 시간 동안 비행기가 무사히 착륙할 수 있을지 불안과 공포가 엄습하였다. 살 수 있을 거라는 생각도 들지 않았다.

두 번째는 폭우를 가르며 보스턴에서 뉴욕으로 가는 도중이었다. 비행기가 순항 속도에 도달했을 때 눈 깜짝할 사이에 비행기 안팎에 섬광이 치면서 '쾅' 하는 소리와 함께 불이 꺼졌다. 비행기 전체가 흔들리며 화약 냄새가 나기 시작했다. '아, 이젠 틀렸다'라고 생각했다. 다행히 잠시 후 비행기는 정상으로 돌아왔다. 나중에 낙뢰가 떨어졌다는 사실을 알게 되었다. 냉탕과 온탕을 오가며 착륙하고 안도의 한숨을 내쉬었다.

옛날 선원들은 "판자 한 장 아래는 지옥"이라고 말했다. 우리에게 언제 어디서 어떤 재난이 일어날지 모른다. 운명에 몸을 맡긴 채 "지금 여기에 살아 있는 것이 마지막 순간이다"라는 각오만 있다면, 어떤 일에도 당황하거나 허둥지둥할 필요가 없다. 그러나 우리는 "영원히 살 것 같은 얼굴"을 하고, 평균 수명 정도는 살 수 있을 거라며 대수롭지 않게 살아간다.

"오늘 반드시 끝내겠다"라며 일에 정열을 쏟아야 하는데도, "오늘 하루 정도는 적당히 해도 괜찮을 거야"라고 일을 미룬다. 결국 성공하지 못하고 끝나고 만다.

어느 종교단체의 전도문에 "이러쿵저러쿵 변명하는 사이 하루가 간다"라는 구절이 실려 있었다. 속마음을 읽힌 듯하여 부끄러웠다.

이처럼 나약한 의지를 지닌 자에게 해내고야 말겠다는 의지를 일으키기 위해서는 "내일 살아 있으리라는 보장은 없다. 언제나 지금이 마지막이다"라고 밀어붙이고 격려하는 방법이 제일 좋다.

41편
큰 강은 고요히 흐른다

> 얕은 개천은 소리를 내며 흐르고
> 큰 강은 본성상 매우 고요하다.
>
> 『경집(經集)』

어느 날, 꼬살라국 쁘라세나짓왕이 천이백오십 명의 제자 앞에서 설법하고 있는 석가 옆을 지나갔다. 왕은 마치 아무도 없는 것 같은 정숙함에 감탄하고, 나중에 석가에게 다음과 같이 물었다.

"선생님, 저는 왕입니다. 죽여야 할 사람을 죽이고, 재산을 몰수해야 할 사람의 재산을 몰수하며, 추방해야 할 사람을 추방할 수 있습니다. 하지만 제가 판결하는 자리에서 그런 자들을 판결할 때 제 말을 도중에 가로막고 방해하는 자가 있습니다. 재판할 때는 재판관의 말을 중단시키거나 방해해서는 안 된다고 설명해도 그런 자들에게는 좀처럼 효과가 없습니다. 하지만 선생님의 제자들은 전혀 다릅니다. 많은 사람 앞에서 선생님께서 설법하실 때는 누구 하나 토를 다는 사람이 없어서 매우 놀랐습니다. 이건 정말 불가사의한 일입니다. 힘을 사용하여 조용히 하라고 명령하지도 않았는데 선생님의 말씀을 하나도 놓치지 않겠다며 귀를 기울이는 데 감탄하였습니다."

쁘라세나짓왕은 석가도 훌륭하고, 그의 가르침도 훌륭하고, 그것을 듣는 자들도 훌륭하다고 확신하고 불교에 귀의했다.

우리가 출석하는 강연, 연주회 등 모임을 돌이켜 보자. 지각하는 사람, 도중에 나가는 사람, 이야기하거나 코 골며 조는 사람들이 종종 보인다. 이러한 모임은 출연자도 청중도 이류, 삼류이기 때문에 생각 있는 사람은 빨리 도망가는 편이 좋다.

일류인 사람들은 옆에만 있어도 품격이 느껴진다. 주변인을 매료시키고 사람들을 밝고 편안하게 해 주는 카리스마를 갖추고 있다. 이에 사람들은 자연스럽게 순응한다. 석가도 그런 인물이었기 때문에 그 아래에 많은 제자가 모였다. 그중 누구 하나 토를 달지 않았고 조용하고 진지하게 그의 말을 귀담아들었다.

후대의 제자들이 서양 헬레니즘 문화의 영향을 받아서 석가를 숭배의 대상으로 삼아 조각을 만들었다. 그때 그들이 석가의 얼굴과 몸 주변에서 후광이 나오는 것 같은 느낌을 받고 조각에 후배(後背)를 만든 것은 충분히 이해할 만하다. 이런 품격은 정치가, 군인, 학자에게서는 나오지 않을 것 같다. 석가와 같은 덕이 있는 사람이라야 자연스럽게 그러한 조각을 만들고 경배하게 될 것이다.

우리는 이러한 인물이 되기는 어렵겠지만, 최소한 그의 온화한 용모에 감동하고 그의 덕에 감화되어 나를 올바른 방향으로 닦아나가는 것은 가능할 것이다. 불교 시인 사카무라 신민(坂村真民)은 다음과 같은 시를 썼다.

　빛난다, 빛난다, 모든 것이 빛난다.
　빛나지 않는 것이 하나도 없다.
　스스로 빛나지 않는 것은 타인에게 빛을 받아 빛난다.

42편
깨달음은 순수한 마음에서 온다

| 선하고 부드럽고 진심 어린 마음을 지닌 자는 득도하기 쉽다.

『대지도론(大智度論)』

글머리에 인용된 구절은 대승불교를 발전시킨 불교의 사상가 나가르주나(龍樹)의 저작에서 인용한 것이다. 이 저서는 초기 불교 경전을 비롯한 다양한 경전과 논서를 집대성한 일종의 불교 백과사전이다.

세간에서는 '순수'와 '맹종'을 혼동하거나 곡해하는 경향이 있다. 여기서 '순수'하다는 것은 도리에 따르고 사물을 편견 없이 보는 것을 의미한다. 물론 편견에 사로잡혀 올바르지 않은 판단을 내려 잘못된 길로 가는 사람도 있다. 『잡비유경』에 수록된 빵을 굽는 부부 이야기가 대표적이다.

어느 날 남편이 아내에게 "항아리에서 술을 길어오라"라고 했다. 그래서 술이 있는 곳에 가서 뚜껑을 열어 보니 그곳에 아름다운 여인의 모습이 비쳤다.

돌아온 아내가 질투심에 가득 차서 남편을 비난했다. "당신, 아름다운 여인을 항아리 안에 숨겨 두었군요."

남편은 어리둥절하여 술 항아리에 가서 안을 들여다보니 그곳에 남자의 모습이 비쳤다. "당신이야말로 남자를 숨기고 있었군"이라고 하여 마침내 치고받는 싸움으로 번졌다.

우연히 그 집을 지나고 있던 현자가 싸우는 소리를 들었다. 싸우는 이유를 듣고 "그러면 제가 그 남녀를 잡아끌고 나오겠습니다"라고 했다. 그리고 술 항아리를 두드려 깨뜨려 버렸다. 현자는 "술 항아리에 비친 남녀의 모습은 실체가 없는 영상입니다. 어리석은 자는 이처럼 헛된 영상을 실체라고 믿습니다"라고 말했다. 경전은 이 현자가 바로 석가라고 기술한다.

이런 편견은 인간의 지식이 발달한 오늘날에도 흔히 볼 수 있다. 특히 고부간의 반목이 끊이지 않는다. 고부의 지위가 역전되어서, 시어머니에게 아무리 좋은 면이 있어도 배우려 하지 않고 귀를 기울이려고 하지 않게 되어버렸다.

"제 시어머니는 저에 대해 늘 나쁜 생각을 품고 있어요. 제가 조금이라도 늦게 귀가하면 현관문을 완전히 걸어 잠가 버리고 저녁 식사 준비도 전혀 안 도와주세요. 일 때문에 늦었다고 말해도 소용없어요. 도대체 저를 어떻게 생각하시는 걸까요?" 며느리가 푸념하면 시어머니도 맞받아친다. "밤에 시끄러워서 문을 꼭 닫으면 '나를 따돌리는 건가'라며 싫은 티를 내고, 저녁 식사 준비를 해놓으면 '오늘 저녁에 외식하고 와서 필요없다'고 말해요. 그래서 저녁 준비를 해놓지 않으면 '밥도 안 해준다'며 서운해해요. 같이 있으면 오히려 마음이 놓이지 않습니다." 대체로 이런 집안의 남편은 우유부단하고 주뼛거리기만 한다. 시어머니와 며느리 사이를 조율할 힘을 갖지 못한 것이다.

 더 이상 어른에게는 배울 것이 없다며 처음부터 귀를 닫아버리고 적대적으로 대하면 무엇을 얻을 수 있겠는가. 따른다는 것은 틈을 내주는 거라며 경계하고 조개껍데기와 같이 단단히 걸어 잠그면 상대방이 아무리 친해지려고 시도해도 소용이 없다. 그것은 마치 물건이 가득 찬 그릇에 새로운 것을 담으려다 넘쳐버리는 것과 같다. 몸과 마음을 새롭고 신선하게 유지하기 위해서는 그릇을 항상 비우고 다른 것을 받아들이는 순수함과 도량이 있어야 한다. 자신이 가진 그릇이 망가질 걱정은 필요 없다.

43편

원한은 원한으로 해결되지 않는다

> 원한은 원한으로 해결할 수 없다.
> 원한은 원한 없는 마음으로 그치게 할 수 있다.
>
> 『법구경(法句經)』 5

석가가 슈바라스띠 교외에 있는 기원정사에 체류하고 있을 때였다. 마을 사람 한 명이 찾아와 석가에게 가르침을 구하였다.

그는 마을의 촌장이었는데, 평판이 매우 좋지 않았다. 그는 그 사실을 괴로워하며 석가에게 물었다.

"사람들은 저를 포악하다고 합니다. 왜 그러는 걸까요? 이에 반해 어떤 사람은 유하다고 하는데, 그는 왜 그렇게 불리는 걸까요?"

이를 조용히 듣고 있던 석가는 다음과 같이 대답했다.

"어떤 사람이 탐욕스러운 마음을 품고 있다고 합시다. 그러면 그는 탐욕 때문에 다른 사람의 노여움을 사게 될 것입니다. 다른 사람의 노여움을 사면 그도 화를 낼 것입니다. 그러면 사람들은 그를 포악하다고 말하게 됩니다.

또한 어떤 사람이 증오하는 마음을 품고 있다고 합시다. 그러면 그는 증오심 때문에 다른 사람의 노여움을 사게 됩니다. 다른 사람의 노여움을 사면 그도 화를 낼 것입니다. 그러면 사람들은 그를 포악하다고 말하게 됩니다.

또한 여기에 어떤 사람이 어리석은 마음을 품고 있다고 합시다. 그러면 그는 어리석음 때문에 다른 사람의 노여움을 사게 됩니다. 다른 사람의 노여움을 사면 그도 화가 날 것입니다. 그러면 사람들은 그를 포악하다고 말하게 됩니다.

하지만 여기에 어떤 사람이 탐욕을 버리고 증오심도 버리고 어리석은 마음도 버렸다면 어떨까요? 그는 다른 사람의 노여움을 사지 않을 것입니다. 따라서 다른 이의 노여움 때문에 자신도 노여워지는 일도 없을 것입니다.

이리하여 사람들은 그를 온화한 사람이라고 부르게 될 것입니다."

석가의 말에 촌장은 기쁜 마음으로 집으로 돌아갔다.

다른 사람을 쉽게 미워하거나 혐오하는 사람은 어딘가 꼬여 있어서 호감을 얻지 못하고 호의를 있는 그대로 받아들이지 못한다. 자기 멋대로이고 매우 이해타산적이다. 타인에게 불친절하고 타인의 기쁨을 자신의 기쁨으로 삼는 자세가 없다. 다른 사람이 자신의 뜻대로 움직이지 않으면 그들을 꾸짖거나 비방한다.

어떤 대우를 받더라도 당신을 곤란하게 하거나 슬프게 만들지 않겠다는 다짐으로 상대를 대하면, 상대방도 알아차릴 것이다. 대승불교 경전인 『법화경』에 소개된 사다빠리부따보살(常不輕菩薩)은 자신이 만난 모든 사람에게 "저는 당신을 가벼이 여기지 않습니다. 왜냐하면 모두 부처가 될 것이기 때문입니다"라고 경배했다. 하지만 사람들은 그를 의심하고, 경멸하여 기와, 돌, 나뭇가지를 던졌다. 그것마저 감수한 그는 끝내 깨달음을 얻었다고 한다.

"등잔 밑이 어둡다"라고 했던가. 인간은 타인에 대해서는 장단점을 잘 보면서도 자신에 대해서는 그러지 못한다. 그뿐만 아니라 자신의 잘못이나 결점에 대해서 어렴풋이 알고 있으면서 의식적으로 회피하는 경향이 있다. 타인에게는 엄하고 자신에게는 유하다.

그러나 그의 인격이나 인간성이 훌륭하다고 할 수 있을까. 오히려 그 반대로 타인에게 관대하고 자신에게 엄격해야 한다. 이러한 사고방식을 관철하는 자만이 존경받을 만한 인간이라고 할 수 있다.

봄바람으로 타인을 접대하고 (以春風接人, 이춘풍접인)
가을 서리로 몸가짐을 삼가라. (以秋霜慎自, 이추상자숙)

이런 시도 있다. 늘 이러한 마음가짐을 지닌다면 '인생의 달인'이라고 불리기에 손색이 없다.

제3장

가진 것 없이 베풀다

44편
애욕으로부터 슬픔이 생긴다

> 애욕으로부터 슬픔이 생기고,
> 애욕으로부터 두려움이 생긴다.
> 애욕으로부터 벗어난 사람은 슬픔이 없다.
> 어디에 가도 다시는 두려움이 없다.

『법구경(法句經)』 215

석가의 사촌 형 중에 난다(難陀)라고 불리는 비구가 있었다. 어느 날 석가에게 "저는 출가 생활을 견디지 못하겠습니다. 속세로 돌아가고 싶습니다"라고 청했다. 그 이유를 물으니 "저는 출가하기 전에 아름다운 여인과 사랑에 빠졌습니다. 수행 중에도 그 여인을 잊을 수가 없습니다"라고 고백하였다.

 이것을 들은 석가는 그의 팔을 잡고 천계(天界)로 데리고 갔다. 그곳에는 많은 미녀가 천신 인드라(帝釋天, 제석천)를 모시고 있었는데, 그들의 미모는 욕계(欲界)의 미녀와 비교되지 않을 정도였다. 그곳에서 석가는 "이 천녀(天女) 중 한 명을 그대와 이어주겠다. 다만 수행해서 깨달음 얻은 다음이어야 한다"라고 말했다. 난다는 열심히 수행에 매진하여 깨달음의 경지에 도달하였다.

이와 비슷한 에피소드가 일본의 이야기집 『곤자쿠모노가타리』에도 수록되어 있다. 젊은 승려가 어느 날 교토의 호린지에서 기도를 드리고 나왔다. 돌아오는 길에 날이 어두워져 어느 집에 하룻밤 묵기를 청하였다. 허락을 구하고 집에 들어가 보니 아름다운 여주인이 살고 있는 것 아니겠는가. 그날 밤 그는 한잠도 못 자고 결국 여주인의 침실에 들어갔다.

여주인은 그런 승려를 나무랐다. "훌륭한 스님이라고 생각하여 하룻밤 묵게 해드린 것이 원통하네요." 승려는 욕구를 없애지 못한 것에 괴로워하고 있었다. 그러자 그 여인은 "당신은 법화경을 암기해서 읽을 수 있습니까. 그럴 수 있다면 훌륭한 스님이기 때문에 함께 해도 괜찮을 것 같습니다"라고 말했다. 승려는 솔직하게 아직 읽을 수 없다고 고백했다. 그러자 "그러면 절에 돌아가서 읽을 수 있게 된 다음에 다시 오세요. 그때는 당신이 하고 싶은 대로 하겠습니다"라고 약속했다.

승려는 다음날 서둘러 절로 돌아가 일편단심으로 법화경을 외웠다. 그리고 다시 여주인의 집을 방문하였다. 그녀는 "모처럼 찾아온 연이니, 다른 사람들이 뒤에서 손가락질하지 않을 정도로 훌륭한 승려의 후견인이 되고 싶습니다. 삼 년간 산에 들어가 수행한다면 당신의 뜻에 따르겠습니다"라고 말했다. 승려도 그에 동의하여 수행에 매진하였다.

여주인은 아름다운 여성의 몸으로 변신한 허공장보살(虛空藏菩薩)이었다. 허공장보살의 인도로 그는 훌륭한 승려가 될 수 있었다.

이 이야기는 동서고금을 막론하고 애욕으로 괴로워하는 제자들이 있다는 것을 알려주고 있다. 정욕을 끊고 수행에 힘쓸 때 "이래서는 안 된다"라고 훈계하는 것만으로는 부족하다. 애욕은 스스로를 망칠 수 있다. 그 끝에는 두려움과 허무가 있다는 것을 이해해야 한다. 또한 더 고차원적인 목적으로 승화시키도록 해주어야 한다.

45편

지혜는 나를 지키는 부모와 같다

> 세상에 어머니가 있는 것은 행복이다.
> 아버지가 있는 것도 행복이다.
>
> 『법구경(法句經)』 332

『중지부경전』에는 "어리석은 자는 본인도 늙고 있고 또 늙어 가는 것을 피할 방법을 모르면서, 다른 사람의 노쇠함을 보면 자신의 처지는 생각하지 않고 그것을 싫어하고 혐오한다"라는 구절이 기록되어 있다. 석가가 제자들에게 한 말이다. 누구라도 나이 들고 죽음에 가까워지는 것을 싫어한다.

권세를 누리고 싶은 만큼 누렸던 사람들은 자신에게 죽음이 찾아오는 것을 싫어하고, 영생을 바라며, 불로장생의 약을 찾았다. 저세상에 간다고 해도 이 세상에서와 똑같이 생활하기를 바라며 거대한 묘를 만들고 거기에 들어가는 부장품에 신경을 썼다. 그러나 인간은 결국 언젠가 가장 사랑하는 사람과도 이별하고 홀로 저세상으로 떠나야만 하는 존재이다. 이것은 그 누구도 피할 수 없는 엄연한 사실이다.

『잡보장경』에는 노인을 버리는 나라에 관한 이야기가 나온다. 그곳에서는 노인이 되면 모두 먼 곳에 버려지게 된다. 어느 날 그 나라의 한 대신의 아버지가 나이가 들어 관습에 따라 추방되어야 했다. 하지만 그 대신은 효심이 깊어서 아버지를 버리는 것을 용납할 수 없었다. 그래서 깊이 땅을 파 밀실을 만들어 그곳에 아버지를 모시고 봉양하였다.

어느 날 그 나라에 천신이 나타났다. 뱀 두 마리를 잡아서 왕궁에 풀고 국왕에게 엄포를 놓았다. "만약 이 두 마리중 누가 암컷이고 누가 수컷인지 구별하지 못한다면 나라를 멸망시켜 버리겠다." 이것을 들은 국왕은 깜짝 놀라 즉시 신하들과 상담하였다.

그 누구도 "구별할 수 있다"라고 말하는 자가 없었다. 국왕은 이를 구별할 수 있는 자가 있다면 그에게 원하는 것이 무엇이든지 들어주겠다고 전국에 선포하였다. 이것을 들은 대신은 집에 돌아와서 아버지께 이 소식을 전했다. 그러자 "간단히 구별할 수 있다. 푹신한 곳에 뱀을 올려두어 보아라. 초조해하고 난폭해지는 것이 수컷이고, 가만히 움직이지 않는 것이 암컷이다"라고 답했다. 말한 대로 해보니 과연 암수를 구별할 수 있었기에 서둘러 국왕에게 보고하였다.

이를 본 천신은 다시 국왕에게 "여기에 커다란 흰 코끼리가 있다. 이것의 무게가 얼마인지 알 수 있는가?"하고 물었다. 이를 들은 대신이 아버지께 물었다. 아버지는 "큰 연못에서 코끼리를 배에 태워보거라. 그리고 배가 얼마나 깊이 가라앉는지 표시해 두어라. 그다음 무게를 측정해 놓은 돌을 배에 쌓아서 배에 표시해 둔 부분까지 잠기게 해라. 그 돌의 무게로 코끼리의 무게를 알 수 있다"라고 답했다. 대신은 즉시 이를 국왕에게 고했고, 왕은 위험에서 벗어날 수 있었다.

하지만 천신은 다시 정사각형으로 깎은 전단목을 보여 주며 "이 나무의 어느 쪽이 머리인가"라고 물었다. 국왕은 답하지 못하고 다시 널리 공표하였다. 대신은 다시 아버지께 물어보았다. 아버지는 "별거 아니다. 그 나무를 물속에 던져 넣으면 뿌리 쪽은 아래로 가라앉고 머리 쪽은 위로 갈 것이다"라고 답했다. 이를 보고하여 왕은 또다시 위기를 모면하였다.

이번에는 천신이 털의 색과 체격이 똑같은 암컷 말 두 마리를 보여 주며 "어느 쪽이 어미 말이고 어느 쪽이 자식 말인가"라고 물었다. 이것도 대신이 아버지께 물어보니 "풀을 먹여 보아라. 어미 말이 틀림없이 자식에게 풀을 먹이려 할 것이다"라고 말했다.

모든 물음에 완벽하게 답했기 때문에 천신은 크게 만족하며 나라를 보호해 주겠다고 약속했다. 한편 국왕은 대신의 소원을 들어주겠다고 했다.

"어떻게 그러한 지혜를 얻을 수 있었는가. 그대는 우리나라를 구한 은인이다. 어떤 상이라도 내리겠다."

"사실 국법을 어기고 지하에 숨겨 놓은 아버지께서 이 모든 지혜를 내셨습니다. 부디 저희를 용서해 주시고 앞으로 노인을 봉양하는 것을 허락해 주십시오."

국왕은 이후 효심을 다하여 노인을 봉양하라고 명했다.

석가는 이야기의 마지막에 다음과 같은 말을 덧붙였다.

"그때 노인이 사실 나였다."

46편

마음을 보는 눈이 필요하다

> 용모가 단정한 것을 단정하다고 하는 게 아니다.
> 마음가짐이 단정하고 타인을 존중하는 것을 단정하다고 한다.
> 『옥야경(玉耶經)』

상대방의 좋은 점과 나쁜 점을 평가할 때 그 사람의 외모에 휘둘리지 말고 내실에 집중해야 한다. 하지만 실제로는 예나 지금이나 외모를 기준으로 삼기 좋아한다. 초기불교 경전인 『대장엄론경』에는 다음과 같은 에피소드가 수록되어 있다. 석가가 죽림정사에 모인 사람들에게 설법한 내용이다.

어느 마을에 사는 쇼카밧타라는 젊은이가 있었다. 그의 집안은 대대로 부자였지만, 젊은이의 대에서 몰락하여 누구도 그를 상대해 주지 않았다. 이에 다른 나라에 가서 열심히 일하기로 결심하며 고향을 떠났다. 시간이 흘러 그는 큰 부를 쌓고 고향에 금의환향하였다.

이 소식을 들은 친족과 지인은 마을 입구에서 그를 맞이하기로 하고 그가 오기를 기다렸다. 쇼카밧타는 이 사실을 미리 알고 일부러 초라한 행색으로 행렬의 제일 앞에 서서 들어왔다. 친족들은 그것도 모르고 그에게 "혹시 큰 명성을 쌓고 돌아오시는 쇼카밧타는 어디 계십니까?"라고 물었다. 쇼카밧타는 "뒤에 오고 계십니다"라고 대답하고 그곳을 지나갔다.

친족들은 아무리 기다려도 쇼카밧타라고 생각되는 사람을 찾을 수 없었다. 그래서 뒤에 오는 사람에게 "쇼카밧타는 어디에 계십니까"라고 물으니, "주인님 말씀이십니까? 그는 행렬의 제일 앞에 계십니다"라고 대답하였다. 친족들은 다시 돌아와서 그를 찾아냈다. "저희가 맞이하려고 애써 기다리고 있었는데 왜 뒤에서 오고 있다고 말씀하셨습니까?"라고 비난했다. 그러자 그는 냉담하게 "당신들이 만나고 싶은 쇼카밧타는 뒤편 낙타 등에 올라타 있습니다. 제가 가난했을 때는 보러 오지 않았던 분들이 지금 갑자기 환영해 주시는 것은 제가 쌓은 재화 때문 아닙니까. 그것은 뒤에 오는 낙타 등에 쌓여 있습니다"라고 답했다고 한다.

이러한 옛날 인도 대중들을 지금 우리가 비웃을 수 있을까? 오늘날에도 여전히 외모나 직함으로 사람을 평가하는 경향이 있다. 예를 들어 사회생활을 하면서 누군가를 처음 만나면 명함을 교환한다. 이때 십중팔구 명함에 적힌 직함에 눈이 간다. 학생과 만났을 때도 제일 처음 하게 되는 질문은 "어느 학교 다니세요?"인 경우가 많다.

상대방이 어떤 직함을 가졌는지, 어떤 학교 출신인지는 그 사람의 좋은 점, 나쁜 점과 직접적인 관계가 없다. 하지만 현실에서는 직함이나 출신학교를 타고난 성품을 파악하고 사람 됨됨이를 판단하는 기준으로 삼는다. 무조건 나쁘다고 할 수 없지만, 외모나 직함에 얽매이면 상대방의 내실을 보지 못하게 될 위험이 있다.

물건을 모양, 때깔, 가격 등 외견만 보고 골랐다가 조잡한 싸구려라는 걸 알게 되어 후회할 때가 있다. 사람도 마찬가지이다. 상대방이나 물건을 겉모습만 보고 품평하지 말고, 그것의 좋고 나쁨을 차분히 음미하고 판단한 다음에도 정말로 좋은 것을 선택해야 한다.

47편
인간은 자신을 가장 사랑한다

> 나 자신보다 더 사랑스러운 것은 없다.
> 다른 사람들도 자기 자신이 제일 사랑스럽다.
> 그러니 스스로를 향한 사랑을 알고 있는 자는
> 타인을 해쳐서는 안 된다.
>
> 『상응부경전(相應部經典)』

꼬살라국의 쁘라세나짓왕에게는 말리까라는 아름다운 왕비가 있었다. 행복한 나날을 보내던 어느 날 왕은 높은 누각에 올라 주변 경치를 보면서 왕비에게 물었다. "이 넓은 세상에서 당신이 가장 사랑하는 사람은 누구입니까?" 왕은 내심 자신일 것이라고 기대했다. 그러나 왕비는 "왕이시여, 저는 이 세상에서 저 자신보다 더 사랑하는 자는 없습니다"라고 답했다. 이 대답에 왕은 깜짝 놀랐다. 그리고 쁘라세나짓왕은 석가를 방문하여 가르침을 구했다. 그때 석가는 글머리의 문구로 답했다. 왕도 곰곰이 생각해 보니 자기 자신이 가장 소중하다는 점을 깨달았다.

일본의 한 시인도 이런 인간의 본성을 노래했다.

내 마음을 들여다보니, 부끄러운 이야기지만
다른 사람보다 나 자신이 제일 사랑스럽다고
은근히 생각하고 있었다.

아무리 사랑하는 사람이 있어도, 궁극적으로는 자기 자신을 가장 사랑하는 법이다. 석가는 어떤 인간도 자기 자신을 가장 사랑스럽게 여기는 것에서 벗어날 수 없다는 숙명적인 업보를 간파였다. 그리고 인간은 모두 상대방의 기분을 상하게 하지 않고 서로 양보하고 도와야 한다는 것을 설하고 있다.

시간이 지날수록 아이들이 제멋대로 행동한다고 고백하는 어머니들이 증가하고 있다. 일본의 한 대학에서 "아이가 제멋대로인 정도"를 측정했다. 그 결과 "원하는 것이 있을 때 끝까지 조른다" "한 번 말한 것은 잘 듣지 않는다" "내가 중심이 되지 않으면 마음이 편치 않다" "내가 가진 것을 자랑하고 싶다"라고 말하는 아이가 많고, 부모는 이런 아이들을 방관하고 있다는 사실이 밝혀졌다.

물론 이렇게 된 데에는 사회 풍토, 학교 교육의 부재, 미디어, 형제, 친구의 나쁜 영향 등 여러 원인이 있을 것이다. 하지만 가장 중요한 것은 가정에서 가르치는 예의범절이다. 특히 부모는 선생, 형제, 친구보다 훨씬 더 아이와 밀접하게 연결되어 있다. 부모의 사고방식이나 태도는 아이에게 그대로 옮겨가기 때문에 부모의 역할이 가장 중요하다.

혹여 "우리 아이에게만 맛있는 것을 먹이고 싶다. 좋은 옷을 입히고 싶다. 편하게 살게 하고 싶다. 좋은 학교에 보내고 싶다. 행복해져서 나의 노후를 책임져 주었으면 좋겠다"라고 바라면, 그런 사고방식 속에 아이를 올바르게 키우지 못하는 원인이 숨어든다.

어느 부모라도 자신의 아이가 가장 소중하다. 하지만 자기 아이를 소중하게 생각할수록, 자신도 모르게 타인의 자식을 제외하고 밀쳐내게 된다. 내 자식만 행복하면 그만이라는 이기적 사고방식은 이심전심으로 아이에게 전달된다. 그렇게 자란 아이는 부모의 생각을 그대로 이어받아서 "나만 좋으면 남들은 어떻게 되든 상관없다"라는 태도를 가지게 된다. 그러면 아이는 나중에 성인이 되어서도 자기중심적으로만 생각하게 된다. 부모나 선생님이 말하는 것을 듣지 않고 언젠가는 부모마저 내팽개치는 제멋대로인 인간으로 자라게 된다.

48편

뒷모습에서 마음이 나타난다

> 경건하고, 스스로 낮추고, 만족을 알며,
> 타인에게 감사하는 마음을 가지며,
> 때때로 공손하게 가르침을 듣는다.
> 이것이 최고의 기쁨이다.
>
> 『경집(經集)』

어떤 주유소를 지날 때의 일이었다. 종업원으로 보이는 사람이 주유를 마친 손님의 차가 차도에 진입하도록 도와주고 있었다. 그가 도로로 나와서 다른 차를 잠깐 멈춰 세우고 있을 때, 차 주인은 차도로 진입하면서 클랙슨을 한 번 누르고 지나갔다. 반면 종업원은 차가 사라질 때까지 오랜 시간 모자를 벗고 허리를 깊이 숙이고 있었다. 손님은 종업원이 공손하게 인사하고 있는 것을 알아차렸을까. 아마 몰랐을 것이다. 그래도 종업원은 '고맙습니다. 또 오세요'라는 감사의 마음을 담아 인사를 한 것이리라.

또한 어느 날 내가 귀가할 때의 일이었다. 10미터 앞에 차 한 대가 서 있었다. 운전자는 마흔 살 정도 되는 선생이었고, 조수석에는 학생이 타고 있었다. "선생님, 태워 주셔서 정말 감사합니다" "별것도 아닌데요. 오늘도 수고 많았어요"라며 대화를 주고받았다. 학생이 차 문을 닫자 차가 출발하였다. 학생은 가볍게 인사하고 선생의 차가 보이지 않게 될 때까지 자리를 떠나지 않았다. 차가 보이지 않게 되자 다시 차를 향해 가볍게 고개를 숙인 후 집에 들어갔다.

아무리 차에 백미러가 달려 있기는 하지만, 종업원과 여학생이 인사한 상대방은 등을 지고 있었다. 등을 보이고 떠나는 사람을 향해 인사하는 것은 생각보다 어렵다. 보통 "이제 아무도 보지 않겠지"라고 생각하며 자리를 뜨게 된다. 그렇게 하지 않고 그 자리에 서서 인사하는 것은 내면 깊은 곳으로부터 감사하는 마음이 들어서일 것이다. 그렇지 않다면 그런 태도가 나오지 않는다. 이런 행동은 가르쳐서 되는 것도 아니다. 때문에 그들의 태도는 가던 길을 멈춰 세울 정도로 매력적이었고 마음을 따뜻하게 만들었다.

불교 시인 사카무라 신민(坂村真民)이 다음과 같은 이야기를 한 적이 있다.

"저는 예전에 교직원으로 일했습니다. 수업 중에 한 학생이 갑자기 손을 들고 질문하였습니다. '저는 선생님과 마찬가지로 전차로 통학하고 있습니다. 역에 내려서 학교로 걸어올 때까지 늘 선생님 뒤에서 걷습니다. 왜냐하면 선생님께서 걸으시는 방법이 다른 사람과 다르기 때문입니다. 선생님께서는 무언가를 외며 걸으시는 겁니까?'라고 물었습니다. 그때 저는 '아, 잘 보았네요. 저는 염불이나 경전을 외며 걷습니다. 그것이 발걸음이나 몸의 리듬으로 나타나서 다른 사람과 달리 보이는 걸 수도 있겠네요'라고 답했습니다. 학생은 고개를 끄덕였습니다. 제가 오랜 시간 교직원 생활을 하면서 그런 질문을 받은 건 처음이었습니다. 그래서 무척 기뻤습니다. 누가 어디에서 저의 뒷모습을 보고 있는지 알 수 없습니다. 하지만 그 후로도 종종 누군가가 '당신은 정말 빨리 걷네요. 날아가는 것 같아요'라고 말합니다. 이건 다 신앙 덕분입니다."

그는 다음과 같이 노래하기도 했다.

정수리에서 빛이 난다.
아직 멀었다.
얼굴에서 빛이 난다.
아직 멀었다.

발바닥에서 빛이 난다.
이 사람이야말로
정말 대단한 사람이다.

누군가를 평가할 때, 앞에 서서 그 사람의 태도나 복장을 바라본다. 물론 이것으로 어느 정도 파악이 가능하지만, 그 사람의 진정한 모습은 뒷모습에 나타나는 건지도 모른다. 앞모습은 위풍당당하고 훌륭해 보여도 뒷모습은 빈약하고 초라하며 발걸음이 무거운 사람이 있다. 이런 사람은 아무리 허세를 부려도 어두운 마음이 저절로 뒷모습에 나타나게 되어 있다.

매정한 세상에 살수록, 다른 사람의 뒷모습을 볼 수 있는 사람이 되어야 한다.

49편
보답을 바라지 않을 때 기쁘다

> 선을 행한 자는 지금도 즐겁고 내세에서도 즐겁다.
> 두 상태에서 즐겁다.
> 이렇게 복덕이 있는 삶을 산다면
> 점점 더 마음이 행복해질 것이다.

『법구경(法句經)』 18

석가 교단에서는 출가자가 재가신자에게 정신적인 보시를 행하고 재가신자가 출가자에게 물질적인 보시를 한다고 본다. 즉, 서로서로 보시함으로써 교단이 유지되고 있다. 동남아시아 불교국가에서는 예나 지금이나 변함없이 출가자인 비구가 아침 일찍 발우를 들고 승원에서 나와 거리를 돌아다니며 탁발을 한다. 비구는 신자가 준 음식으로 허기를 채운다. 옷 세

벌과 발우 하나를 제외한 일체의 물건을 소유하지 않는다. 대신 신자의 고민을 상담해 준다.

승려에게 무언가 사례하는 것을 보시(布施)라고 한다. 보시에 대응하는 산스크리트어는 다나(dāna)인데, 이 단어로부터 단나(檀那, 시주하는 사람)라는 단어가 생겼다. 보시는 다른 게 아니라 타인에게 헌신하고 친절하며 타인을 기쁘게 하는 행위를 가리킨다.

초기불교 경전 중에 석가의 전생 이야기인 『본생경』이 있다. 여기에 토끼와 원숭이와 개 등이 사는 곳에 아사 직전인 노인이 와서 음식을 구걸하는 이야기가 있다.

다른 동물들은 각자 비축한 음식을 노인에게 주었지만, 토끼는 나누어 줄 것이 없었다. 그래서 자신의 살을 먹게 하고자 타오르는 불에 몸을 던졌다. 그때 노인은 신 인드라로 변해 토끼를 구하고 그를 달로 보냈다. 그래서 오늘날에도 달에 토끼가 살고 있다는 전설이 전해진다.

또한 뒤이어 다음과 같은 이야기도 수록되어 있다.

'큰 보석'이라는 이름을 지닌 왕에게 세 왕자가 있었다. 어느 날 그들이 다 함께 숲에 놀러 갔다. 거기에 어미 호랑이가 새끼 호랑이 두 마리를 데리고 있었다. 오랫동안 굶은 어미 호랑이가 젖이 나오지 않자, 하는 수 없이 새끼 호랑이 한 마리를 잡아먹으려고 하는 중이었다. 셋째 왕자가 그를 불쌍히 여기며 두 형에게 "호랑이는 무엇을 먹고 삽니까?"라고 물었다. 형들은 "죽은 지 얼마 안 된 동물의 피와 살을 먹는다"라고 답했다. 그러자 그는 형들에게 작별을 고하고 스스로 호랑이 앞에 몸을 던졌다. 호랑이는 그의 살을 먹고 목숨을 부지하였다. 두 형이 이 일을 부모에게 말했을 때, 부모가 매우 슬퍼했다고 한다. 하지만 실은 셋째 왕자는 천상에서 부모 품으로 내려온 자라고 위로했다고 한다.

이 이야기에서는 "그때 왕은 석가의 아버지 슛도다나의 전생이고, 어머니는 석가의 어머니 마야의 전생이다. 첫째 왕자는 미륵(彌勒)이고, 둘째 왕자는 문수(文殊)이다. 셋째 왕자는 석가 자신이다"라고 한다.

보시는 물건이나 가르칠 내용이 있는 자가 그것을 다른 사람에게 베푸는 것이다. 타인을 보살피는 것을 가리키기도 한다. 이런 것들도 중요하기는 하지만, 보시는 이에 국한되는 것이 아니다. 석가가 말하는 보시는 가진 자가 가지지 않은 자에게 무언가를 주는 조건적인 자선 행위가 아니라, 무조건적인 친절을 의미한다.

예수도 "베풀 때는 오른손이 한 일을 왼손이 모르게 하라"라고 했다. 이와 같이 보시하는 자는 자랑하지 않고, 받는 자는 비굴해지지 않으며, 보시하는 물건도 잘 사용되어야 한다. 이 세 요소가 모두 올바르지 않으면 안 된다.

50편
한 가지 일부터 잘해야 한다

> 하루는 한 줄기 빛처럼 짧다고 하지만
> 그것을 헛되이 보내서는 안 된다.
> 하룻밤을 그냥 버리는 것은
> 생명 몇 시간을 없애버리는 것이다.
>
> 『장로게(長老偈)』

글머리의 문구는 석가의 제자 시리만다가 남긴 말이다.

우리는 종종 다음 기회가 있다고 생각하며, 현재 하고 있는 일을 게을리 처리하고 최선을 다하지 않는 경우가 있다. 입학이나 입사 시험에서도 1지망이 안되면 2지망, 3지망이 있다고 생각하며 안일한 태도로 응시하고 다음 기회를 기다린다. 물론 실패했을 때 차선을 선택해야 하는 것은 당연하다. 하지만 처음부터 차선책만 생각하면 어느 것도 제대로 되지 않고 실패만 경험한다. "기회는 지금 한 번밖에 없다"라고 생각하며 전력투구한다면 나중에 실패하더라도 후회가 생기지 않는다.

『도연초』에는 "화살 두 개를 잡지 말아라. 두 번째 화살이 있다는 생각에 첫 번째 화살을 소홀히 하게 된다"라고 기록되어 있다. "정신을 집중하면 무엇을 못 할까"라는 말이 있듯이, 마음을 굳게 먹고 목표한 바에 전심전력을 다하면 어려워 보이는 장애물도 돌파할 수 있을 것이다.

석가가 기원정사에서 많은 제자에게 가르침을 설하고 있는데 아누룻다가 꾸벅꾸벅 졸고 있었다. 이에 석가가 그에게 물었다.

"그대는 무엇을 위해 출가하고 수행하는 것인가?"

"저는 생로병사가 두려웠습니다. 번뇌에서 벗어나고자 출가하였습니다."

"그런데 왜 법을 설하는 때 졸고 있는가?"

겁에 질린 아누룻다가 대답했다.

"앞으로는 몸이 짓무르고 문드러져도 절대로 스승님 앞에서 졸지 않겠습니다."

그 후로는 석가 옆에서는 항상 깨어 있었기 때문에 결국 눈이 상해 실명하고 말았다.

석가는 그에게 자라고 권했지만 한 번 세운 서원을 깰 수 없다며 거절했다. 그래서 석가는 "아누룻다여, 잠을 자거라. 잠자는 것이 눈을 공양하는 것이다. 건강해야지만 수행을 이어갈 수 있다"라고 타일렀다. 그때 아누룻다는 육체적 눈을 잃었지만 심안(心眼)이 열렸다고 한다.

언제든 어디서든 누구를 만나더라도 맑은 눈으로 관찰하며 해야 할 일에 전력투구할 수 있는 사람의 일은 잘 진행된다. 처음 맡은 일을 잘 마무리하고 그다음 일에 착수할 수 있다. 하지만 지금 하는 일을 소홀히 하고 다음 기회를 기다리는 사람은 일을 꼼꼼히 하지 못한다. 무슨 일이든 아무리 시간을 줘도 훌륭하게 완성하지 못하는 경우가 많다.

늘 긴장하고 살 수야 없다. 하지만 우리는 생각보다 강하며 쉽게 무너지지 않는다. 그러니 해야 할 일은 끝까지 완수하겠다는 기개를 지니고 있어야 한다.

51편

극복하지 못할 아픔은 없다

> 이 아름다운 모습도 곧 쇠락한다.
> 질병으로 가득한 것, 결국 소멸로 귀결된다.
> 더러움을 쌓은 이 몸, 곧 죽게 된다.
> 생명 있는 것 중 누가 죽음을 피할 수 있는가.
>
> 『법구경(法句經)』 148

가장 사랑하는 친자식을 먼저 보내는 것은 부모에게 장을 끊는 고통보다 더 쓰라리다. 자식을 생각하는 강한 애정을 끊기 어렵다는 것은 어느 시대나 마찬가지이다.

　인도 꼬살라국의 수도 슈바라스띠에 살고 있던 끼사 고따미라는 여성의 이야기가 있다. 고따미의 외동아들은 걸음마를 막 시작했을 병에 걸려서 죽고 말았다. 고따미는 크게 슬퍼하며 어떻게든 그 아이를 다시 살려 보고자 시신을 품에 안고 약을 구하러 마을을 돌아다녔다. 하지만 누구에게 물어도 다시 살리는 약을 찾을 수 없었다. 어찌해야 할지 모르고 있던 그때 자초지종을 들은 어떤 현자가 부인에게 다가왔다.

"부인, 사람을 다시 살리는 약을 가지고 계신 분을 알려드릴까요?"

부인은 뛸 듯이 기뻐하며 "어디에 계십니까?"하고 물었다.

"도시의 남쪽, 기원정사라는 사원에 석가라는 분이 있으니, 그 분에게 물어보십시오."

현자의 말을 들은 고따미는 곧장 석가가 있는 곳에 가서 자초지종을 설명하였다. 사정을 들은 석가는 다음과 같이 일러주었다.

"당신의 아이를 살릴 수 있는 약은 하얀 겨자씨입니다. 그것을 마을에서 구해서 아이의 입에 넣으면 숨이 돌아올 것입니다. 다만 그 겨자씨는 지금까지 그 누구도 죽은 적이 없는 집에서 받아오셔야 합니다."

고따미는 죽은 자가 한 명도 없는 집에서 겨자씨를 구하기 위해 마을의 모든 집을 돌아다녔다. 하지만 그런 집은 하나도 없었다. 고따미는 결국 지쳐서 다시 석가가 있는 곳으로 돌아와서 "당신이 말씀하신 겨자씨를 찾아다녔지만 어디에도 찾을 수 없었습니다"라고 고백했다. 석가는 "그렇습니다. 태어난 것은 반드시 죽는 법입니다. 이 도리를 거스르는 자는 이 세상에 한 명도 없습니다"라고 타일렀다. 고따미는 자신의 어리석음을 깨닫고 그 후 죽은 아이를 공양하기 위해 불교에 귀의하였다고 한다.

52편

사랑은 초월하는 것이다

> 사랑으로부터 근심이 생기고
> 사랑으로부터 불안이 생긴다.
> 사랑을 초월한 사람은 근심이 없다.
> 어디에서도 두려울 것이 없다.

『법구경(法句經)』 212

석가의 제자 아난다는 용모가 수려한 청년이어서 여성들에게 인기가 많았다. 그들의 유혹 때문에 곤욕을 치른 적도 있었다. 그런 그의 모습을 본 석가는 아난다를 불러 다음과 같이 충고했다.

"여성을 만나지 않는 것이 좋겠다."

"혹시 만에 하나라도 만난다면 어떻게 해야 할까요?"

"눈으로 보지 않는 것이 좋겠다."

"만약 눈으로 본다면 어떻게 해야 할까요?"

"집착하지 않는 것이 좋겠다."

젊은이에게 성욕을 없애라고 말하는 것은 무리일 것이다. 하지만 그것이 분출되는 대로 내버려두면 어디로 흐를지 알 수 없다. 자신과 타인의 생명을 해칠 수도 있기 때문에 조심해야 한다.

과거의 폐쇄적 사회제도나 풍습이 뿌리 깊게 남아 있는 곳에서는 사랑이나 섹스에 대해 당당하게 말할 기회가 적다. 특히 섹스에 관한 이야기를 내심 좋아하면서도 겉으로는 혐오스럽고 비밀스럽다고 여긴다. 입 밖에 내서는 안 될 일이라고 생각하고 진지하게 논의하지 않는다. 그래서 지금까지는 생식 구조, 성병 예방 등 기술적인 면에 방점을 둔 성교육에만 초점을 맞추었다.

하지만 거리에는 이렇게까지 해도 될까 싶을 정도로 자극적인 성(性) 풍속이 범람하고 있다. 영화, TV, 잡지 등에는 에로물, 혐오물, 억지스러운 콘텐츠가 자극적으로 게재되어 있어 청소년의 비행이나 범죄를 조장하고 있다. 사람의 마음과 마음을 잇는 유대감으로서의 사랑을 키우지 못하고 보다 감각적이고 혼자만 좋은 쾌락에 정신을 잃는 것이 인생의 진정한 즐거움이라고 착각하는 자들이 생기는 것도 무리는 아니다.

옛날 석가가 살아 있을 때, 까우샴비 수도에 살고 있던 우다야나왕도 그런 남자였다. 우다야나왕에게는 이미 왕비 사마빠띠가 있었지만, 근처에 살고 있던 부자이자 미인이었던 마간디야라는 여성을 보고 한눈에 반해 버렸다. 신심이 깊고 순종적인 부인이 있었음에도 마간디야를 첩으로 삼고 새로운 궁전을 지어 살게 하였다. 왕은 연일 그녀와의 탐욕에 빠져 있었다. 그녀는 자신의 미모와 왕의 총애에 기대어 왕비를 없는 사람 취급하였다. 자신이 왕비가 되고자 간계를 꾸미고, 왕에게 사마빠띠가 왕의 눈을 속이고 다른 남자와 몰래 정을 통하고 있다고 고했다. 그 말을 사실로 받아들인 왕은 불같이 화를 내며, 사마빠띠를 잡아 화살 백 개를 쏴서 죽이고자 하였다. 하지만 화살들이 모두 왕비 근처에서 방향을 바꿔 날아 왕의 발 앞에 떨어지는 게 아니겠는가. 이런 불가사의한 일에 두려움을 느낀 왕은 이유를 알고자 석가가 있는 곳에 가서 자초지종을 말했다. 그리고 비로소 왕비가 다른 남자와 정을 통하고 있다는 것이 새빨간 거짓말이었고, 모든 것이 마간디야의 음모라는 것을 알게 되었다. 왕은 애욕에 미혹되어 그 간계에 놀아난 자신의 죄를 뉘우쳤다. 그리고 어찌하여 인간은 이리도 애욕에 빠지기 쉬운지, 그리고 어떻게 그것에서 벗어날 수 있는지 묻기 위해 다시 석가를 찾아갔다.

석가는 다음과 같이 답했다.

"남녀 모두 서로의 진면목을 보지 못하고 외모와 향기에 눈이 멀기 때문입니다. 여성이 아홉 개 구멍에서 더러운 것을 배설한다는 것을 깨닫지 못했기 때문입니다. 여성의 콧물과 침을 먹을 것으로, 고름과 피를 꿀과 보석으로 여기기 때문입니다. 진실에 눈을 뜬 사람은 감각적인 쾌락에 취하지 않고 애욕과 애정의 차이점을 압니다. 쾌락과 즐거움의 차이를 잘 알고 있습니다."

우다야나왕은 그 말을 듣고 미혹된 꿈에서 깨어나 석가에게 깊이 감사를 표하고 돌아갔다고 한다.

다음과 같은 말을 하는 사람들도 있다. "요즘은 돈과 시간만 있다면, 하고 싶은 건 무엇이든 하며 즐겁게 살 수 있습니다. 하지만 그런 자극이 끝나면 뭔가 공허합니다." 현대인은 사랑받고 있는 것이 무엇인지도 잊어버린 것 같다.

사랑이 없는 인생은 모래를 씹는 것처럼 공허한 것이다. 그런 궁상맞은 삶에서 하루라도 빨리 벗어나서 더 바른 인생을 살아가야 한다. 그러기 위해서는 먼저 마음과 마음이 함께 내적으로 깊이 결속되고, 마음이 맞는 사람과의 교제를 소중히 여길 줄 알아야 한다.

『어린왕자』로 유명한 생텍쥐페리는 다른 저서 『사람들의 땅』에서 "정말로 사랑한다는 것은 서로를 마주 보는 것이 아니라 함께 같은 방향을 보는 것"이라고 서술했다. 이와 같이 공통의 목적을 향해 함께 노력하는 상대방을 찾고 그를 깊이 사랑하는 것이 행복한 인생의 조건이라고 생각한다.

53편

적당히 먹고 마셔야 건강하다

> 사람은 스스로 조심하여 자신의 양에 맞게 먹어야 한다.
> 그러면 고통이 적고 노화도 늦추어 수명을 보존할 것이다.
>
> 『잡아함경(雜阿含經)』 42

석가의 가르침에 귀의한 꼬살라국의 쁘라세나짓왕은 어느 날 웃따라라는 소년을 시자로 삼아 함께 석가를 방문한 적이 있었다. 대식가이고 지나치게 비만이었던 왕은 숨을 헐떡이며 겨우 목적지에 도착하였다. 그 모습을 보고 석가는 글머리의 구절을 썼다고 한다.

그것을 들은 왕은 시자 웃따라에게 "이제부터 늘 식사할 때 이 구절을 읊어라. 그러면 매일 동전 백 개를 너에게 주겠다"라고 명했다. 웃따라는 왕의 식사 시간에 그렇게 외쳤다. 왕도 조심하면서 식사량을 줄였다. 그래서 비대했던 왕의 몸이 점차 홀쭉해지고 건강을 유지할 수 있었다. 용모도 단아하게 되었다고 한다.

매년 연말연시가 되면 매일 송년회나 신년회를 열어 사람들을 초청하고, 자리에 불려 나간다. 즐거운 비명을 지르며 매일매일을 보낸다. 평소 소원했던 사람들이 모여 친목을 다지고 이야기꽃을 피우는 것은 정말 즐거운 일이다. 산해진미가 없더라도 정성껏 만든 요리를 놓고 대화를 나누는 것은 그 자체로 의미가 있다.

그러나 관리직을 많이 맡고 있거나 인간관계가 넓은 사람은 어쩔 수 없이 매일 회식에 참석해야 하는 경우가 있다. 사교 활동을 좋아하는 사람은 예외이겠지만, 많은 사람이 해야 할 일도 하지 못하고 동료들과 만나 매번 같은 이야기를 반복한다. 많은 요리나 술을 대접받아 육체를 혹사시키고 시간과 돈을 낭비한다. 이런 모임을 반복하는 것에 탄식하기도 한다.

세계의 한 편에는 먹을 것이 없어서 하루하루를 겨우 보내는 사람들도 있다. 먹지도 못할 만큼 많은 음식을 대접받고, 마시지도 못할 만큼 많은 술을 받는 것이 무슨 의미가 있는가. 송년회나 신년회뿐만 아니라 결혼식 피로연 등도 마찬가지다. 도가 지나치게 즐기고 다음 날 복통, 숙취, 통풍 때문에 고생한다.

"배를 팔 할만 채우라"라는 격언이 있다. 폭음, 폭식은 건강에 좋지 않다. 백 세를 맞이한 어떤 승려는 장수의 비결을 "소식하고 잘 씹어 먹는 것"이라고 했다.

54편

비난도 일주일이면 없어진다

> 비구들이여,
> 그대들이 모였을 때 두 가지를 지켜야 한다.
> 올바르게 말하는 것과
> 질문을 받았을 때 침묵하는 것이다.
>
> 『석가자설경(釋迦自說經)』

초기불교 경전에서 석가는 제자들에게 늘 "말을 해야 할 때는 당당하게 발언하고, 그렇지 않을 때는 아무리 말하고 싶어도 참고 침묵하라"고 훈계한다.

석가가 인도 각지를 돌아다니던 때였다. 그의 평판이 좋은 것을 너무나 질투한 나머지 뒤에서뿐만 아니라 앞에서도 욕을 퍼붓던 사람이 있었다. 하지만 아무리 악담을 퍼부어도 석가는 꾹 참고 절대 말대꾸하지 않으며 침묵을 지켰다. 상대방이 욕을 퍼붓다가 지쳤을 때 석가는 천천히 입을 열었다.

"친구여, 만약 누군가 선물을 주었는데 그것을 내가 받지 않았다면, 그 선물은 누구에게 속하겠는가?"

욕을 퍼붓던 남자는 퉁명스럽게 말했다.

"그것은 선물을 준 사람에게 속하겠지요."

그러자 석가는 다시 물었다.

"그렇다. 지금 당신이 나를 욕하였다. 내가 이것을 받지 않는다면 그 욕은 누구에게 속하겠는가?"

남자는 대답하지 못하고 입을 다물고 말았다. 그리고 자신의 죄를 뉘우쳤다. 지금까지 석가에게 무례를 범한 것을 사죄하고 다시는 타인을 헐뜯지 않겠다고 다짐했다.

불교에는 '아만(我慢, 영원불변하는 내가 있다는 편견)'이라는 용어가 있다. '나'라는 자아의식에 사로잡혀 타인을 신경 쓰지 않는 교만함을 의미한다. 이에 자신이 남보다 우월하다고 생각하는 '증상만(增上慢, 자신의 가치 이상으로 생각하는 것)'이 생기거나 남보다 열등하다고 생각하는 '비하만(卑下慢, 스스로 비하하는 것)'이 생긴다. 둘 다 사물을 올바르게 판단할 수 없는 상태이다. 이러한 아만은 교만함이나 오기에 지나지 않기 때문에 권장되지 않는다.

다만, 일본어에서 '참는다'는 의미로 사용되는 아만(我慢, 가망)은 다른 뜻을 지니고 있다. 이 아만은 오히려 허세로 가득 찬 자아의식을 없애게 한다. 이는 상대가 하자는 대로 몸을 맡기거나, 참고 굴복하는 것을 의미하는 것이 아니다. 상대방의 터무니 없는 주장을 가볍게 받아넘길 수 있으며, 말을 덧붙이지 않고, 자신이 해야 할 일에 전념하는 것을 의미한다.

타인에게 비난받는 것이 유쾌한 일은 아니다. 어떻게든 대응하고 싶은 마음이야 굴뚝 같을 것이다. 하지만 그럴 때마다 석가는 "참으라" 혹은 "인욕(忍辱)하라"라고 말했다.

비난하는 상대방의 마음을 모른 척하고 참으며 침묵하고 있으면, 오히려 상대방이 "왜 조용히 있습니까. 저를 바보라고 생각하십니까?"라며 더 흥분해서 날뛰는 일도 볼 수 있다. 이에 석가는 『경집』에 다음과 같이 말했다.

"악의를 가진 사람들 속에서도 악의 없이, 칼과 몽둥이를 손에 든 사람들 속에서 온순하게, 집착이 많은 사람들 속에서 집착 없이 머무는 사람이 있다. 이 사람을 우리는 성자라고 부른다." 『율대품』에도 인내를 갑옷으로 삼고 지내면 "비방은 일주일이면 없어진다"라고 했다.

55편

거짓말하는 자는 버림받는다

| 발 씻는 물은 더러우니 마셔서는 안 된다.

『법구비유경(法句譬喩經)』

이 구절은 어리석은 인간이나 행동을 보여 주고 너무도 당연한 일을 말하고 있는 듯 보인다. 하지만 이는 석가가 제자들에게 자신의 쓰라린 경험에 근거하여 가르침을 주고 있는 것이다.

석가는 출가 이전에 라훌라라는 아들을 낳았다. 라훌라가 열두 살이 되었을 때 아버지의 제자가 되어 수행을 하고 있었다. 하지만 라훌라에게는 가끔 허풍을 치는 나쁜 습관이 있었다. 석가를 만나러 온 사람이 "스승님이 어디에 계십니까?"라고 물으면 "산에 계십니다"라고 아무렇지 않게 거짓말을 했다. 석가는 그때 죽림정사에 있었는데 말이다. 라홀라가 거짓말을 한 것을 안 방문객은 불같이 화를 내었다.

이를 전해 들은 석가는 자녀를 훈계해야 했기에 라홀라의 수행 장소를 방문하였다. 라홀라는 아버지로부터 혼날 것을 각오하고 담담히 아버지를 맞이하여 통에 담긴 물로 발을 씻겨 드렸다. 그때 석가는 "라홀라야, 너는 발을 씻은 물을 마실 수 있는가?"라고 물었다. 라홀라는 "더럽기 때문에 그럴 수 없습니다"라고 답하며 물을 버렸다.

석가는 통을 집어 들고 "라홀라야, 너는 이 물통에 마실 것과 먹을 것을 함께 담을 수 있겠는가?"라고 물었다. 라홀라가 "담을 수 없습니다"라고 답한 순간, 석가는 그 통을 떨어뜨려 깨뜨려 버렸다. 그리고 "라홀라야, 너는 이 깨진 통이 무어라고 생각하느냐?"라고 물었다. 라홀라는 "발을 씻는 용기입니다. 그리 대단한 물건이 아니라서 신경 쓰지 않습니다"라고 태연하게 답했다. 이를 들은 석가는 "그렇다. 누구도 더러운 그릇 따위 신경 쓰지 않는다. 인간도 마찬가지이다. 거짓말을 태연하게 할 수 있는 심성을 가진 자는 이 그릇과 같은 자이다. 누구에게도 사랑받지 않고 결국 버림받을 것이다"라고 훈계했다. 라홀라는 잘못을 인정하고 다시는 거짓말을 하지 않겠다고 스승에게 맹세했다고 한다.

『잡아함경』에 따르면 석가는 동물을 비유로 들어 비슷하게 훈계하기도 했다. 그 훈계는 다음과 같다.

"똑똑한 코끼리는 연근을 뽑으면 물에 씻은 다음 먹는다. 다른 코끼리도 똑같이 연근을 먹었지만, 뿌리에 묻은 진흙을 씻지 않고 먹어 병에 걸려 죽고 말았다."

56편
때로는 일부러 물러선다

> 한 아름되는 바위는 바람에 흔들리지 않는다.
> 이와 같은 마음을 지닌 자는
> 비난과 칭송에 마음이 흔들리지 않는다.

『법구경(法句經)』 81

 다른 사람으로부터 무시, 모욕, 비난을 받아도, 자신이 어떤 곤경에 빠져도, 죽음의 고통보다 낫다고 생각하면 넘길 수 있다. 이 인생길을 다른 사람도 이미 걸어갔다고 생각하면 시름을 잊게 된다. 고난이 닥쳤을 때 그것이 하늘이 자신에게 주는 시련이자 은총이라고 받아들일 수 있다면, 오히려 그것에 감사하게 된다.

 한 장군은 "쳐라! 그것은 나를 더욱 강하게 할 것이다"라는 구절을 남겼다. 맞는 것은 고통스럽겠지만, 받아들이는 사람이 관점을 조금 바꾸면 달리 받아들일 수도 있다. 맞는 것이 자신을 더욱 강하게 만드는 수단이라고 생각할 수 있다면 어디를 가든 적수가 없게 된다.

석가도 종종 타인으로부터 시기를 받고 중상모략을 당했다. 그의 평판이 좋았기 때문이다. 석가는 자신에게 잘못이 없다면 아무리 비난을 당해도 흔들림 없이 듣고 넘겼다. 제자가 의아하게 여기며 "스승님은 어떻게 그리 평온하게 계신 겁니까?"라고 물었다. 석가는 "그 비난은 상대가 하늘을 향해 침을 뱉는 것과 다름없다. 그것이 상대를 더럽히겠는가, 나를 더럽히겠는가?"라고 답했다고 한다.

상대방이 험담하거나 싸움을 걸었을 때 "질 수 없다"라며 상대를 제압하거나 정색하면서 맞서는 경우가 있다. 그럴 때 상대방을 이기는 것만 생각하지 말고 져주는 것을 생각해 보면 어떨까?

육상경기에서 점프할 때는 몸을 당겼다가 날아오르는 것이 그냥 점프하는 것보다 더 멀리 갈 수 있다. 문을 열 때도 밀어서 열 수 없다면 당겨 보는 것이 좋다. 유도나 합기도는 상대방의 힘을 이용한다. 상대방의 힘으로 상대를 자신에게 끌어당겨 제압하는 경기이다. 자신이 힘을 너무 주면 도리어 틈을 보여 상대방에게 당하고 만다. 지나치게 덤비다가 오히려 피해를 당할 빌미를 제공하게 된다.

  검도 명인에게 검도를 배운 어느 남성이 있었다. 그런데 아무리 해도 상대에게 유효한 공격을 할 수 없어서 곤란했다. 그래서 명인에게 물었다. "선생님, 적의 얼굴을 때리려고 하면 몸이 열리고 맙니다. 어떻게 하면 몸을 노출시키지 않고 얼굴을 때릴 수 있습니까?" 이에 명인은 "몸을 치려면 쳐봐라. 나는 얼굴을 칠 것이다. 이런 기백을 가지고 임해야 한다"라고 답했다. 그 가르침을 받아들인 후 그의 실력은 눈에 띄게 좋아졌다. 후에 "선생님 덕분에 늘었습니다"라고 감사의 뜻을 전하자 명인은 "모든 사람에게 이것을 가르쳐 주지만, 당신만 그것을 받아들여 체득하였다. 그 덕분에 실력이 향상된 것이다"라고 답했다고 한다.

57편

진정한 친구는 함께 성장한다

> 다음의 네 종류 친구는 마음씨 좋은 친구이다.
>
> 도움이 되는 든든한 친구,
>
> 기쁠 때나 힘들 때는 늘 변함없는 친구,
>
> 좋은 말을 해 주는 친구,
>
> 자비심이 있는 친구이다.
>
> 『육방예경(六方禮經)』

"끼리끼리 통한다" "빨간색과 가까이 있으면 붉게 된다"라는 격언이 있다. 착실한 사람에게는 착실한 친구가 생기고, 그렇지 않은 사람에게는 그에 상응하는 동료가 모이는 게 자연의 이치이다. 보통 교제하는 친구를 보면 그 사람에 대해 어느 정도 알 수 있다.

석가의 두 제자인 사리뿟따와 목갈라나는 모두 라자가하 근처의 마을에서 태어났다. 거의 비슷한 시기에 산자야라는 수행자에게 출가했다. 하지만 그의 가르침에 만족할 수 없었다. 이 두 친구는 구도의 여행을 하던 중 석가의 제자 앗사지를 만난 것이 인연이 되어 석가의 제자로 들어갔다. 그 후 절차탁마하는 수련을 거쳐 마침내 깨달음을 얻었다. 사리뿟따는 지혜제일(智慧第一)로 불릴 정도로 지성이 뛰어난 인간이 되고, 목갈라나는 탁월한 직관력으로 신통제일(神通第一)이라고 불리게 되었다. 두 사람은 평생 끈끈한 우정을 유지하며 석가의 밑에 있었다고 알려져 있다.

두 사람의 우정과 관련된 다른 이야기도 전해진다. 어느 날 국왕이 화가 두 사람에게 각자가 가장 자신 있는 그림을 벽에 그리게 하였다. 한 화가는 반년에 걸쳐 열심히 그림을 그렸지만, 다른 한 사람은 그림을 그리지 않고 벽을 닦기만 했다.

반년이 지나 한 그림이 완성되었다는 소식을 듣고 왕이 몸소 그림을 보러 왔다. 그 아름다움에 감동하여 크게 칭찬하였다. 그리고 다른 화가의 그림도 보고자 하였다. 그때 거울과 같이 반들반들하게 정리된 벽에 맞은편 벽의 그림이 비추어져서 매우 신비롭게 빛나는 것이 보였다. "정말 훌륭한 그림이다"라고 국왕이 감탄하니, 벽을 닦았던 화가는 "이것은 제가 그린 그림이 아닙니다. 맞은편 그림이 반사되어 보이는 것입니다. 이 그림이 아름다운 건 맞은편 그림이 아름답게 그려져 있기 때문입니다"라고 답했다. 국왕은 매우 감동하였다. 이때 반년에 걸쳐 그림을 그린 화가는 목갈라나이고 그동안 벽을 닦은 화가는 사리뿟따였다고 한다.

우리는 평생 많은 친구를 사귄다. 하지만 그 친구들이 모두 서로를 발전하게 만드는 진정한 친구인지는 의문이다. 예부터 "순탄할 때 친구를 만들고, 힘들 때 친구를 시험한다"라고 했다. 어려울 때 격려해 주는 친구는 그리 많지 않다. 이해관계로 맺어진 친구는 "돈이 없어지면 연도 끊어진다." 이런 친구는 쉽게 얻을 수 있지만 또 그만큼 쉽게 관계가 깨진다. 이런 친구는 나의 마음을 깨끗하게 만드는 친구가 아니며, 아무리 많아도 자랑스럽지 않다.

58편
나를 위한 일이 남을 위한 일이다

> 타인을 이롭게 하는 일을 많이 하면서도
> 자신의 이익을 게을리해서는 안 된다.
> 자신의 본분을 깨닫고 그것에 전념해야 한다.
>
> 『법구경(法句經)』 166

석가는 스스로 깨닫는 것을 권하고 가르쳤다. 하지만 그것은 본인을 위한 것이지 타인을 위한 것은 아니지 않은가? 이런 의문이 석가가 살아있는 시대에 이미 있었다.

어느 날 석가가 슈라바스띠의 아나타삔디까 원림(園林)에 살고 있을 때였다. 브라만 상가라와가 방문하여 석가에게 다음과 같이 질문하였다.

"저는 브라만입니다. 누가 시키지 않아도 공물을 바치고,

다른 사람들도 바치도록 권하고 있습니다. 이는 많은 이들을 이롭게 하기 위한 관습입니다. 하지만 선생님의 제자들은 삭발하고 출가하여 자신을 위해서 수행하고 있습니다. 이는 타인에게는 아무런 도움이 되지 않는 것 아닙니까?"

이에 대해 석가는 다음과 같이 답했다.

"그러면 당신에게 묻고 싶습니다. 어느 진실한 사람이 수행하여 고통을 이기고 마음이 자유로운 경지에 이르렀습니다. 많은 사람에게도 깨달음을 주기 위해 자신의 경험을 들려주고 권하였습니다. 그와 같은 경지에 이른 사람의 숫자가 수백, 수천, 수만에 이른다면, 당신은 이것을 어떻게 생각하십니까? 이래도 앞서 수행한 사람이 자신만을 위해 출가하여 수행했다고 단정 지을 수 있습니까?"

브라만은 곰곰이 생각한 후 "아니요, 그렇게 생각하지 않습니다. 스승님의 제자도 역시 많은 이들을 위해 출가하고 수행했다고 할 수 있습니다"라고 답했다고 한다.

중국의 고전 『대학』에 "수신제가치국평천하(修身齊家治國平天下)"라는 단어가 있다. 먼저 자신을 닦고, 그다음 가정을 평안케 하고, 국가를 다스리면 천하를 다스릴 수 있다는 의미다. 석가도 아마 이런 발상과 유사하게, 주위 사람을 위해서 솔선수범하는 것이 중요하다는 것을 설명하고 싶었던 것 같다.

세상에는 "저를 희생하면서, 사회를 위해 최선을 다하고 있습니다"라고 큰소리치는 사람을 볼 수 있다. 이것을 도넛현상이라고 부른다. 즉, 본인이나 본인 가까이 있는 사람 사이에서는 인덕(人德)도, 능력도, 인기도 없어서 그의 주위가 공백 상태이다. 그러나 멀리 떨어져 있는 변두리 사람들 사이에서는 달콤한 인기가 있는 것을 가리킨다.

늘 무대에서 연기를 해야 하는 정치인이나 예능인 중에 이런 종류의 인간이 많지 않은가? 아무리 호언장담으로 하더라도 실제로 자신이 내뱉은 말을 실행하지 않으면 그 말은 허언일 뿐이다. 아무 가치가 없다.

"말하는 사람은 실행하지 않고 실행하는 사람은 말하지 않는다"라는 격언이 있다. 열심히 수행, 공부, 업무에 매진하는 사람은 자신이 하는 일에 대하여 말을 늘어놓지 않는다. 말을 늘어놓는 것은 자신이 실행하고 있지 않다는 증거이다. 혹은 일하지 않은 사실을 감추는 행위로 받아들여진다.

59편
더러움과 청정함은 나에게 달려 있다

내가 잘못을 저지르면 내가 더러워진다.
내가 잘못을 저지르지 않으면 청정해진다.
더러움과 청정함은 나에게 달려 있다.
누구도 타인을 청정하게 만들어 줄 수 없다.

『법구경(法句經)』 165

석가가 살던 시대에 죄를 범한 어느 청년이 있었다. 이 청년의 이름은 앙굴리말라이고, 브라만 집안에 제자로 들어갔다. 어느 날 스승이 집을 비운 사이에 스승의 아내가 앙굴리말라를 유혹하여 그를 침실로 끌어들이고자 했다. 그가 이를 거절하자 그녀는 분노하여 모략을 꾸몄다. 남편이 돌아오자 먼저 계략을 꾸미며, 제자가 자신을 유혹했다며 눈물로 고했다.

스승은 사실관계를 따지지 않고 제자를 파문시키고자 하였으나, 혹 스스로 죄가 없음을 증명하고 싶으면 거리의 남녀 수백 명을 죽이라고 명했다. 억울한 누명을 쓴 청년은 곤란한 상황에 처했다. 하지만 스승의 명령을 거절할 수 없었다. 청년은 누명을 벗기 위해 마음을 모질게 먹고 길에 나온 사람을 하나하나 죽이기 시작했다. 그렇게 죽인 사람이 백 명이 다 되어갔을 때 그는 석가와 마주쳤다. 청년은 석가를 죽이고자 손을 휘둘렀지만, 그의 위엄에 압도되어 몸을 움직일 수 없게 되었다. 석가는 청년이 자신의 누명을 벗기 위해 많은 사람을 죽인 죄를 설명하고 이해시켰다. 청년은 마음을 돌이켜 석가의 제자로 들어갔다.

하지만 거리의 사람들은 석가의 제자가 된 앙굴리말라를 용서하지 않았다. 외출할 때마다 온갖 욕을 듣고 허둥지둥 석가에게 돌아와 "이제부터 저는 어떻게 살아야 합니까?"라고 울면서 물었다. 이런 일이 며칠 계속되었을 때 석가가 청년에게 가르쳤다.

"앙굴리말라여, 그대는 이 역경을 견디지 않으면 안 된다. 지금 그대는 과거에 저지른 죄의 과보를 받고 있는 것이다. 고난으로부터 도망가지 말고 묵묵히 견디지 않으면 안 된다."

석가의 이런 말이 청년에게 잔혹하다고 생각할지도 모르겠다. 혹은 세상의 사람들에게는 청년의 고난이 당연하게 여겨

질지도 모르겠다. 곰곰이 생각해 보면, 이 청년은 애초에 억울한 누명을 썼다. 그리고 살인을 교사한 것은 브라만 스승이었다. 그는 스승의 요구를 따른 꼭두각시에 불과했다. 벌을 받아야 할 원흉은 브라만과 그의 부인이다. 하지만 실제로 사람을 죽인 당사자는 청년 자신임이 틀림없다. 그가 그런 행위를 한 것은 사실이고, 이 사실은 사라지지 않는다.

여기서 우리는 사실과 진실의 차이를 구분해야 한다. 청년이 한 행위, 사람을 죽인 사건은 누구도 부정할 수 없는 명백한 사실이다. 하지만 이러한 행위를 하지 않을 수 없었던 원인, 때로는 눈에 보이지 않는 바로 이 원인이 진실이다. 세상 사람들은 종종 사실과 진실의 차이를 구별하지 않고, 눈에 보이지 않는 진실을 도외시하며 사실만을 가지고 왈가왈부한다.

지금까지 전쟁으로 많은 청년이 전쟁에 끌려가서 적군과 아군으로 나뉘어 국가나 민족의 이름으로 싫어도 어쩔 수 없이 살인을 저질렀다. 결과적으로 손을 더럽힌 자들은 청년이다. 그러나 이들에게만 죄를 물을 수 있는가? 이는 최근 빈번히 발생하고 있는 공해 문제에서도 마찬가지다. 그 근본적인 원인을 뿌리 뽑지 않는 한 공해는 계속 발생할 것이다. 진실한 원인을 곰곰이 생각해 보면, 그것은 과거부터 현재까지 인간이 자신도 모르는 사이 만들어 온 공통의 카르마(共業, 인간이라는 종이 공유하는 업보)라고 할 수 있다. 운명공동체인 우리

하나하나가 좋은 의미에서도 나쁜 의미에서도 운명을 함께 하고 있는 것이다.

하지만 그렇다고 해서 자신의 행위에 대한 책임을 모두 운명에 지울 수는 없다. 석가가 앙굴리말라에게 말한 것과 마찬가지로, 자신에게 닥친 운명은 그것이 호전될 때까지 참고 견디는 것 외에 방법이 없다. 그것이 아무리 고통스럽더라도 상황을 바꿀 수 있는 것은 자신밖에 없다. 상황이 바뀔 때까지 어디에도 도망가지 않고 태연자약하고 당당하게 맞서야 한다.

앙굴리말라에게도 책임이 전혀 없다고 볼 수는 없다. 만약 그가 주체성이 있었다면, 아무리 스승의 명령이라도 살인 행위를 거부할 수 있었다. 마음을 다잡지 못한 자신의 부족함을 참회하고, 자신이 저지른 잘못을 용서받기 위해 노력을 거듭하는 수밖에 없다. 그래야 비로소 피해자들이 편안해질 방법이 열리지 않겠는가.

60편
미혹은 깊숙한 숲과 같다

> 나무 한 그루를 베지 말고 미혹의 숲 전체를 없애라.
> 두려움은 그 숲에서 생긴다.
> 미혹이라는 숲과 욕망이라는 잡초를 제거하면
> 미혹 없는 자가 된다.

『법구경(法句經)』 283

불교 교단에 제자로 들어온 최초의 여성은 석가의 유모 마하빠자빠띠 고따미였다고 한다. 석가는 여성도 원한다면 출가하는 것을 허락했다고 한다. 다만 남성 비구 교단과 별도로, 비구니 교단을 만들고 남성보다 더 엄격한 계율을 부과하였다고 한다.

하지만 여성이 아무리 결심이 확고해도, 출가하기가 남성보다 더 어려웠던 것 같다. 여성 수행자의 행적을 기록한 『장로니게』라는 경전이 있다. 여기에 다음과 같은 이야기가 기록되어 있다.

수바라는 외모가 아름다운 비구니가 있었다. 그녀는 깊은 숲속에서 수행하고 있었는데, 그곳에 악마가 들어와 그녀를 유혹하려고 하였다. 그녀는 악마를 단호히 거절하며 "부처의 딸과 연애하고자 하는 당신은 큰길도 오솔길도 없는 곳에 살고 있는 자입니다. 밝은 달도 한낱 장난감으로 보는 자입니다. 신의 거대한 산을 뛰어넘으려 하는 자입니다"라고 했다. 또한 출가자인 자신은 세속적인 쾌락을 달구어진 석탄이나 독과 같이 버렸고, 상대방은 구토를 유발하는 살덩어리에 지나지 않는다고 덧붙여 경고하였다. 말을 끝내자마자 수바는 두 눈을 도려내어 악마에게 던졌다. 악마는 소스라치게 놀라 그녀에게 머리를 조아려 용서를 구했다.

그녀는 석가가 있는 곳으로 돌아가 사정을 설명하였다. 그녀의 모습을 본 석가는 그녀의 눈을 원래대로 돌려놓고 한층 빛나게 했다고 한다.

이런 결사의 각오로 수행하지 않으면 안 되는 것은 예나 지금이나 마찬가지이다. 우리 직장 생활에서도 이런 자세가 필요하다. 물론 많은 사람 앞에서 이야기하거나 연기하는 것은 늘 부담스럽다. 태생부터 그런 일에 익숙하여 전혀 거리낌이 없는 사람도 있지만, 기질이 약하여 어릴 때부터 대중 앞에 나서면 긴장하고 겁을 먹는 나 같은 사람들도 있다. 나 역시 머릿속의 생각을 충분히 설명하지도 못하고 실수하고 난 뒤 후회하며 발을 구르기 일쑤였다.

필자와 유사한 경험을 다른 이도 하는 것 같다. 어떤 음악가의 자서전에 비슷한 이야기가 실려 있는 것을 보았다.

피아니스트는 연주하지 않으면 안 된다. 연주 전에 힘든 일을 겪은 나에게 누군가가 "그렇게 힘들면 돌아가도 됩니다"라고 말한다면, 나는 도리어 화를 낼 것이다. 나는 음악을 기다리고 있는 사람과 음악의 즐거움을 함께하는 소중한 시간을 결코 포기할 수 없다. 그래서 나 자신을 '음악에 가두어 버린 슬픈 죄수'라고 편집증 환자처럼 부른다. 모차르트를 연주하고, 슈만을 연주하며 다음 무대로 향한다.

공연의 시작을 기다리며 무대 안쪽에서 대기하고 있는 사람의 심정은 도마 위에 오른 물고기와 비슷할 것이다. 지옥 한가운데 있는 것과 비슷한 느낌일 것이다. 하지만 공연 직전에 도망치지도, 숨지도 말고 '어떻게든 되겠지' 하는 각오를 다져야 한다. 일본의 검호 미야모토 무사시도 검객과 대치하여 진검승부를 앞둔 심정을 곡조에 담아 읊었다.

내려치는 칼 밑은 지옥
몸을 버려야만 그곳을 건널 여울이 보인다

우리도 늘 이러한 진지한 마음가짐으로 사람이나 일을 대하지 않으면 제대로 성취되지 않는다는 점을 깨달아야 한다. '좋다. 어떻게든 해보자'는 기백이야말로 주저하는 마음이나 미혹된 마음을 가라앉히고 곤란한 상황을 뛰어넘을 발판이 되어줄 것이다.

61편
욕망이 크면 아름답게만 보인다

> 의혹에 마음이 흐트러지고 욕망이 커지면
> 모든 것을 아름답게만 본다.
> 이런 사람에게는 애욕이 점점 증가하여
> 속박에 더욱 얽매이게 된다.
>
> 『법구경(法句經)』389

어느 언론 조사기관에서 전국 초등학생을 대상으로 "어른이 되면 어떤 사람이 되고 싶습니까?"라고 물었다. 남학생은 "프로야구선수"나 "CEO"라고 답한 이가 압도적으로 많고, 여학생은 "유치원 선생님"이 1위였다. 그 외의 교사를 모두 합치면 교사 지망생이 반 이상이었다고 한다. "지금 가장 원하는 것이 무엇입니까?"라는 물음에는 남녀 모두 "돈"이 1위였다고 한다. 어린이의 마음에도 편안히 지낼 수 있고, 원하는 것을 살 수 있는 멋있는 인생이 지배하고 있는 듯하다.

이러한 풍조는 오늘날 갑자기 시작된 것이 아니다. 석가가 살던 시대에도 비슷한 사고방식을 지닌 사람들이 있었다.

어느 나라의 왕은 일하는 것이 좋아서 동이 트자마자 옷을 대충 걸치고 성을 나갔다. 왕은 길에서 신발을 고치는 노인을 만났다.

왕이 신분을 숨기고 노인에게 물었다. "세상에서 가장 즐거운 자는 누구입니까?"

노인이 답했다. "그거야 말할 것도 없이 왕이지요. 신하들은 늘 예, 예, 라고 말하고, 백성들은 무엇이든 갖다 바칩니다. 왕이 생각하는 대로 이루어지니 이보다 편한 장사는 없지요."

이에 왕은 일부러 시치미를 떼고 노인에게 약을 먹여, 성으로 데리고 왔다. 그리고 그를 왕으로 꾸며 왕의 일을 시켜보았다. 왕이 하는 일은 여간 쉽지 않았다. 노인은 하루 만에 녹초가 되고 말았다. 왕이 그에게 다시 약을 먹게 하고 본래의 모습으로 되돌려 주었다. 그때 노인은 "왕의 고된 노동에 완전히 질려 버렸다"라고 고백했다.

"이웃의 밭이 더 잘 보인다"라는 격언이 있다. 타인이 가진 것이나 직업은 더욱 잘 보인다. 가능하면 그것을 자신의 것으로 삼고 싶은 기분마저 든다. 그런데 우리는 왜 타인이 거둔 좋은 성과를 보며 질투심을 느끼게 될까?

마찬가지로 『잡보장경』 속 석가가 살아있던 시대에 전해진 이야기가 있다.

어떤 바보가 살고 있었다. 타인의 삼단 건축물이 아름답게 높이 솟아 있는 것을 보고 질투하여, 자신도 그와 같은 고층 건물을 짓고 싶었다. 얼른 장인을 불러서 건축을 명령했다. 장인은 명령을 받들어 기초를 튼튼히 하고 이 층을 지은 다음 삼 층을 올리려고 했다. 그런데 이 바보는 장인에게 "내가 바라는 것은 토대도, 일 층도, 이 층도 아니다. 높은 삼 층만 원한다. 빨리 그것을 지어라"라고 소리쳤다.

너무 성급하여 결과에만 시선을 빼앗겨 목적에 이르는 과정에는 눈길도 주지 않는 사람이 많다. 이런 사람은 자신이 해야 할 일을 제대로 해내지 못한다.

62편
인생은 한 호흡이다

> 사람으로 태어나는 것은 어렵지만,
> 그 생도 오래지 않아 끝난다.
> 지금 생명 있는 것에 감사해야 한다.
>
> 『법구경(法句經)』 182

인간이 이 세상에 태어나는 것은 몇백만 분의 일로 부모의 정자와 난자가 결합해서 자궁에서 자라야 가능한 것이다. 출생의 조건이 모두 갖추어져 태어난 후에도 극진한 보호와 양육 속에서 성장하여 현재에 이른다. 그 사이 무언가 착오가 생겨 방치되거나 위험한 상황에 놓이면 지금의 나는 존재하지 않고 사라져 없을 것이다. 몸과 마음 모두 특별한 결함 없이 멀쩡하고 아픈 곳 없는 상태를 보존하고 있는 것만으로도 대단한 것이다.

가시에 조금 찔렸다고 소스라치게 놀라고, 얼굴에 조금 화상 입은 것 때문에 장래를 비관하여 자살하는 사람이 있다. 석가는 이러한 인간의 생명을 '맹구부목(盲龜浮木, 눈먼 거북이 떠다니는 나무를 만남)'이라는 비유를 들어 다음과 같이 제자들에게 설명한 적이 있다.

"어떤 사람이 바다에 멍에 하나를 던졌다고 하자. 그리고 그 멍에에는 구멍이 하나 뚫려 있다고 하자. 그리고 그 바다에 눈이 먼 거북이 살고 있는데, 백 년에 한 번 바다 표면으로 떠올라서 머리를 내민다고 하자. 그 거북이가 바다 표면에 떠다니다가 이 구멍에 머리를 넣는 일이 일어날 수 있겠는가?"

"스승님, 그런 일은 일어나더라도 언제 일어날지는 알 수 없습니다."

"비구들이여, 그러하다. 하지만 백 년에 한 번 해수면에 떠오르는 눈먼 거북이가 멍에 구멍에 머리를 넣는 것보다 더 드문 일이 있다는 것을 알아야 한다. 한 번 나쁜 곳에 떨어진 자가 다시 인간의 몸으로 태어나는 것은 더욱 드문 일이다."

석가는 여기서, 살아 있는 인간이 한 번 몸과 마음을 훼손하면 원래의 상태로 돌아가는 것이 해수면에 떠오른 눈먼 거북이가 멍에 구멍에 머리를 넣는 것보다 드문 일이라고 말하고 있다. 우리는 몸과 마음이 손상되기 전에는 건강한 상태가 얼마나 감사한 일인지 알지 못하는 것 같다. 오히려 지금 살아 있는 것이 당연하다고 여기며 산다.

나 역시 지금까지 그저 살아 있는 것의 감사함을 느끼지 못했다. 어느 한겨울 밤 여행지에서 심장 박동이 이상해져서 "아, 이제 내 인생이 끝나는 건가" 하고 혼자서 불안과 공포에 떨면서 누군가에게 도와달라고 말도 못 하고 죽을 때가 오는 것을 기다렸던 적이 있다. 한숨도 자지 못하고 꼬박 밤을 새우다 어스름 속 닭 우는 소리와 함께 주변이 밝아지는 기분을 느꼈다. '아, 살아서 아침을 맞이할 수 있구나' 하며 기쁨이 가슴 속에 차오른 것을 기억한다.

잘 생각해 보면, 인생은 언제 어디서 끝날지 모른다. 내일 살 수 있다는 확신은 어디에도 없다. 석가도 『사십이장경』에서 "인생은 그저 한 번 호흡하는 순간뿐이다"라고 말했다. 산다는 것은 힘든 일이고, 죽는 것은 쉽다. 죽겠다고 생각하면, 누구나 언제 어디서 무엇이든 간단하게 실행할 수 있다. 하지만 한 번 죽은 생명은 다시 살려 낼 수가 없다. 아무리 덧없는 인생이라도 자신의 생명은 대체할 수 없이 존엄한 것이므로 그것을 덧없이 없애 버려서는 안 된다. 주어진 생명을 열심히 살아 내어 자신을 위해서도 세상을 위해서도 역할을 다해야 한다. 그래야 지금까지 자신을 키워 준 것들에 대해 미안함이 생기지 않을 것이다.

63편

조급함에 실력이 드러난다

> 마음이 고요하고,
> 말도 고요하고,
> 행동도 고요하게 된 자,
> 이런 사람이야말로 올바른 지혜를 얻어
> 해탈을 얻고 편안함을 얻는다.

『법구경(法句經)』 96

예부터 "가쁜 숨은 나쁜 숨"이라고 했다. 화가 나 있는 사람 곁에 있어서 좋을 일이 없다.

석가가 살아 있을 때도 호흡이 좋지 않은 사람이 있었던 것 같다. 『잡보장경』에 다음과 같은 이야기가 수록되어 있다.

어느 마을에 유난히 호흡이 짧고 걸핏하면 화를 내는 사람이 있었다. 그는 자신의 집 앞에서 두 남자가 "여기 사는 남자는 참 좋은 사람인데, 조급하고 화를 잘 내는 것이 옥의 티다"라고 말하는 것을 엿듣고 화가 나서 집을 뛰쳐나가 두 사람에게 시비를 걸고 폭행하여 다치게 하고 말았다.

석가는 "이렇게 어리석은 사람은 자신의 과오를 지적당하면 그것을 고치기는커녕 잘못을 반복하고 만다"라고 제자들에게 경고하였다.

호흡이 짧은 사람은 인내를 위해 비워 두어야 할 마음속 공간에 불만을 가득 채운다. 그래서 화를 처리하기 힘들어진다. 자신이 바라는 것이 충족되지 않으면, 시간, 장소, 상대를 가리지 않고 울화가 치밀어 불만을 폭발시킨다. 이들은 제멋대로이다. 화를 낼 정당한 이유가 있다면 당하는 사람도 이해하겠지만, 그 이유를 알아채기 어렵다면 보통 난감한 일이 아니다. "군자는 위태로운 곳에 가지 않는다"라는 말처럼 자리를 뜨거나 무슨 말을 들어도 신경 쓰지 않는 편이 좋다.

그럼에도 늘 본인을 과대평가하고, 자신이 생각한 대로 움직이지 않는 사람을 혐오하고 비난하는 사람이 있다. 사람들이 무슨 일이든 "예, 예" 하고 따르면 날아갈 듯 좋아하지만, 본인을 잘 챙겨 주던 사람이더라도 기분을 거스르며 올바른 말을 하면 돌변하여 종기를 건드린 것처럼 두려워하고 화를 낸다. 이런 사람과 자주 교제하는 것은 백해무익하기 때문에,

적당한 선에서 경원시하는 것이 좋다. 과보호나 방임 속에서 자란 사람은 이렇게 호흡이 짧은 사람이 되기 쉬운 것 같다.

타인을 신경 쓰고, 상대방의 신경을 건드리면 화가 나서 견디지 못하는 것은 본인에게 실력이 없고 결점이나 약점이 있다는 것을 드러내는 것이나 다름없다. 선사 반케이(盤珪)도 어느 날 호흡이 짧은 사람을 만난 적이 있다. 그는 어떻게 하면 그 성질을 고칠 수 있을지 조언을 요청했다. 선사는 "급한 성미는 타고난 것이 아닙니다. 자기만 생각하고 상대방이 자신을 인정해 주기만을 바라기 때문에 문제가 생기는 것입니다"라고 타일렀다. 그 사람은 이를 듣고 자신의 제멋대로인 성격을 반성했다고 한다. 오늘날에는 이런 자기반성조차 불가능한 사람이 많다.

호흡이 짧은 사람은 다른 사람으로부터 자신의 잘못을 지적당하면 도리어 불에 기름을 부은 듯 격노한다. 그런 사람은 자신의 잘못을 스스로 깨닫기까지 내버려두는 수밖에 없다.

64편
약속을 지키면 망하지 않는다

> 규범을 잘 지키는 자는
> 외적으로부터 위협을 받더라도 망하는 법이 없다.
>
> 『대반열반경(大般涅槃經)』

석가가 마가다국의 수도 라자그리하의 영취산에서 마지막 여행을 준비하고 있을 때 마가다국의 대신인 밧사까라가 왕명을 받들어 석가가 머무는 곳에 방문했다. 대신은 석가에게 "우리나라는 이웃 나라 밧지를 정복하려고 합니다. 어떻게 생각하십니까?"하고 조언을 구했다. 석가는 이에 아무 답변도 하지 않고, 옆에 있던 제자 아난다와 대화를 주고받았다.

"요즘 밧지 사람들은 자주 모여 상의하는가? 지금도 그들은 힘을 합하여 해야 할 일을 완수하고 있는가?"

"네, 그들은 정한 것을 어기지 않고 잘 따른다고 들었습니다."
"그렇구나. 그렇다면 그들은 멸망할 위험이 없겠구나."

석가와 아난다의 이 대화를 들은 대신은 성으로 돌아가서 일의 자초지종을 왕에게 보고하였다. 그리고 왕은 밧지 정복을 단념했다.

어떤 나라라도 정치가 국민의 수준을 넘어설 수 없다. 국민 전체가 착실하고 문화 수준이 높다면, 외적에 대한 방어에 쓸데없이 많은 돈을 쓰지 않더라도 침략으로 인해 멸망하지 않는다. 막대한 국방비를 써가며 국력을 과시해야만 외적의 침략이나 내분을 막을 수 있는 나라는 국민의 수준이 낮다는 것을 간접적으로 보여 주는 것이다.

오늘날 세계를 둘러보면, 많은 곳에서 내분이 발생하고, 내분 직전에 놓인 곳의 숫자는 그보다 더 많다. 레바논, 그레나다, 키프로스와 같이 다인종 국가는 다양한 이데올로기로 내부가 분열되어 있다. 이를 타개하기 위해서는 국민 전체에 공통의 기반이나 협조 정신으로 공동 번영을 꾀해야 한다. 그 외 국가들의 경우 안심은 금물이지만, 법치국가로서의 체면을 유지하고 있는 것은 국민 간 정보 교류가 활발하고, 생활 전체가 상당히 제도화되어 있기 때문일 것이다.

규범이라는 것은 같은 지역에 살고 있는 사람들이 함께 번영하는 데 필요한 약속이다. 이것을 지키지 않고 쉽게 파기하는 자가 있다면 규범이 없는 거나 마찬가지이다. 때문에 무법 상태에 빠지기 쉽다. 이래서는 서로 신뢰할 수 없고 불안하게 하루하루를 보낼 수밖에 없다. 외적의 공격을 받기도 전에 이미 내부에서 붕괴할 것이다.

  석가가 살았던 인도에서는 그가 입멸한 후 아쇼카왕의 자애로운 정치로 인해 국내 통일을 이루었다. 하지만 기존 계급제도의 두꺼운 벽에 부딪혀 불교적 평등주의는 실현되지 못하였다. 지금까지도 빈부격차가 극심하고, 국정이 불안정한 상태가 이어지고 있어서 안타까운 실정이다.

제4장

주도적으로 삶을 이끌다

65편
솔직함은 힘이 세다

| 나에게는 타인에게 무언가를 숨기려고 하는 주먹이 없다.

『장부경전(長部經典)』

주먹이란 손안에 무엇인가 쥐고 있는 것을 말한다. 위의 구절은 손안에 감추고 있는 것, 예를 들어 비밀처럼 숨긴 것이 아무것도 없다는 뜻이다.

  석가는 만년에 바이샬리 교외에서 병으로 쓰러졌다가 겨우 회복한 적이 있다. 그때 제자 아난다가 스승의 모습을 바라보며, "스승께서 병으로 쓰러지셨을 때 저는 온몸에서 힘이 빠지고 사방이 깜깜해졌습니다. 하지만 스승님께서 사후의 일에 대해 아무것도 말씀하시지 않고 돌아가실 리 없다고 생각하고선 겨우 안심이 되었습니다"라고 했다.

그러자 석가는 "아난다여, 그대는 나에게 무엇을 기대하는가? 나는 늘 무엇도 감추지 않고 모든 것을 가르쳤다. 내가 제자들의 지도자라든가, 제자들이 나에게 의지하고 있다는 점을 생각한다면, 인생 마지막에 유언이라도 남기면 좋을 것이다. 하지만 지금까지 말해 온 것이 나의 전부이다"라고 말했다.

 현대인은 호의나 인정이 아닌 개인의 이익이나 자기애라는 손익 계산에 근거하여 살고 있다. 약 이백 년 전 아담 스미스가 『국부론』에서 말한 대로 말이다. 전쟁 전에는 의리와 인정이라는 상호의존적 감정이 있었고, 자신을 희생하면서까지 국가나 타인을 위해 전력을 다한다는 도의가 조금이나마 존재했다. 하지만 이런 정신이 쇠퇴한 오늘날에는 사람들 모두 이기주의에 온 정신이 팔려 타인에 대한 배려를 완전히 잊었다. 서로 적대시하며, 불신의 늪에 빠져 있다. 부모 자식과 형제, 부부와 친구 사이에서도 그러한데 생판 모르는 남에 대해서는 어떻겠는가? 타인을 믿지 않고 용서하지도 않는 세상이 되어 버렸다. 현대인은 스스로 고립되어 자신도 믿지 않다가, 본래의 자신에게서 분열되어 마음 가는 대로 행동하고 있다.

 이런 절망적 상황의 한가운데에서 우리는 어떻게 살아야 하는가? 먼저 찰나적 쾌락, 돈, 물건 등 물질적 이해관계에 근거한 인간관계가 얼마나 인간의 마음을 좀먹게 하는지 깨달아야 한다. 눈앞의 이익보다 원대한 이익을 추구하는 것이 인간 본래의 목적이라는 것을 재확인할 필요가 있다.

현대 사회는 폐쇄적인 성격을 띠고 있는 것으로 간주된다. 한 동네에 오랫동안 살아도 그 동네에 어떤 기업체가 어떤 업무를 하고 있는지 무엇을 생산하고 있는지 모르는 사람이 의외로 많다. 그럴수록 지역사회와 연대 의식이 요구된다. 각 기업체는 한 주에 한 번까지는 아니더라도 한 달에 한 번 정도 시간과 장소를 정해서 지역사회 주민이나 학생들에게 자기 회사를 공개할 필요가 있다. 제품의 생산과정이나 제품 자체를 소개하고, 기업이 얼마나 사회의 발전에 기여하고 있는지 설명하는 시간이 필요하다. 이는 회사의 존재 필요성을 지역사회에 숙지시키고 재인식시키는 디딤돌이 되지 않겠는가.

66편
인생도 단련해야 하는 것이다

> 쇠를 단련하여 불순물을 제거하고 그릇을 만들면,
> 곧 정교해진다.
>
> 『사십이장경(四十二章經)』

전 세계적으로 유명한 일본도는 우연히 만들어진 것이 아니다. 제작 과정에 내내 목욕재계하고 정진한 도공이 여러 차례 연마하여 정교하고 결함 없는 물건이 만들어진다. 인간도 마찬가지다. 담금질하는 과정을 거치지 않는 인간은 그저 그런 인간밖에 될 수 없다. 담금질 된 물건은 철이든 사람이든 예리함이 넘치고 빛이 번뜩인다는 것을 일상의 경험에서 확인할 수 있다.

무사 미야모토 무사시는 그의 저작『오륜서』에서 "천 번 연습하는 것을 단(鍛)이라고 하고, 만 번 연습하는 것을 련(鍊)이라고 한다"라고 서술했다. 그 정도로 연습을 거듭하지 않으면 제대로 된 무사가 되기 어렵다는 것을 뜻한다. 일류 가수가 되려면, 같은 곡을 최소 천 번은 연습하고 무대에 올라야 한다고 한다. 어떤 바이올린 연주자도 다음과 같이 말한다.

하루 연습하지 않으면 그 부족함을 나 자신이 느끼고,
이틀 연습하지 않으면 비평가가 알아차린다.
사흘을 쉬면 청중이 알아차린다.

요즘에는 평생 교육이라는 단어가 유행한다. 나이가 들어도 늘 호기심이 왕성하고 자신이 할 수 있는 공부나 일을 열심히 하는 사람을 종종 본다. 하지만 세속적 성공만 좇다가 정년이 되자마자 하던 일을 내팽개치고 멍하니 여생을 보내는 사람도 많다. 이런 사람은 머리가 일찍 둔해진다.

하루라도 전차가 다니지 않는 선로는 녹이 슨다. 마찬가지로 하루라도 노력을 멈춘 사람은 광택이 줄어들고 죽음이 앞당겨진다. 그렇게 되지 않도록 늘 자신을 갈고닦아야 한다.

석가는 『법구경』에서 "머리카락이 하얗게 되었다고 해서 장로가 되는 것이 아니다. 나이가 들어도 허송세월한 노인이라고 부를 뿐이다"라고 말했다. 아마 그도 주변에서 의미 없이 하루하루를 보내는 노인을 자주 보았을 것이다. 석가 자신도 그런 사람이 되지 않겠다고 다짐하며 절차탁마했다. 마지막 숨을 거두기 직전까지 정진하여 이 세상에서 해야 할 일을 다 이룬 것이 바로 그 증거이다. 『대반열반경』에도 나와 있듯, 석가는 "이 세상 모든 것은 무상하다. 게으름을 버리고 정진해야 한다"라고 제자들에게 이야기하고 조용히 타계했다.

인간의 노력은 결코 무의미하게 끝나지 않는다. "한 알의 밀알이 땅에 떨어져 죽지 않는다면" 반드시 대지에 뿌리를 내리고 꽃을 피워 많은 사람에게 좋은 영향을 끼친다. 석가도 육체적 죽음을 통해 역설적으로 영원한 생명을 얻었다. 즉, 후세 사람들에게 그의 가르침을 전하였다.

67편
선한 일일수록 서둘러야 한다

> 선한 일은 서둘러야 한다.
> 악한 일을 대하면 마음을 바로 해야 한다.
> 공덕을 행하는 걸 꺼리는 자는 악에 빠지게 된다.
>
> 『법구경(法句經)』 116

초기불교 경전 『백유경』에는 서양의 『이솝우화』와 같이 다양한 교훈, 경고, 비판이 기록되어 있다. 모든 이야기가 "옛날에 어리석은 자가 있었다" 혹은 "옛날에 어떤 사람이 있었다"로 시작하고 있는데, 저자는 이들을 따뜻한 시선으로 바라보고 있는 듯하다. 그중 하나를 소개하고자 한다.

옛날에 어리석은 자가 있었다. 손님을 맞이하기로 한 그는 우유를 짜서 대접할 생각이었다. 그는 '지금 젖을 놓으면 우유가 응고되는 데다가 딱히 저장할 곳도 없으니 썩어버리겠지. 그러니 소가 유방 안에 젖을 모으게 놔두고 모임 당일 한 번에 짜는 것이 좋겠다'고 생각하여 젖소를 메어 놓았다. 그리고 한 달 후 마침내 손님을 맞이하여 연회를 열게 되었을 때 급하게 많은 양의 젖을 짜려고 했다. 하지만 젖이 유방 안에서 말라버려 하나도 나오지 않았다. 이것을 알게 된 손님들은 화를 내다가 나중에는 그의 어리석음을 비웃고 말았다.

세상의 어리석은 자들도 이와 같다. 나중에 유복하게 된 후 타인을 돕겠다고 생각하지만, 훗날을 기다리다가 재난이나 도난을 당하거나 심지어 본인이 급사하여 도울 시기를 놓치는 경우가 대부분이다. 이런 어리석음은 앞의 젖 짜는 사람과 같은 것이다.

"선한 일은 서둘러서 하라"라는 옛 속담처럼, 좋은 일을 하자고 생각한 것은 주저하지 말고 빨리 실행하는 것이 좋다. "나중에 해야지" 하며 지금 해야 할 일을 미루면 눈앞의 호기(好機)를 놓쳐 영원히 자신에게 가까이 온 보석을 놓치게 된다. 숙제도 마감까지 시간이 남아 있다며 미루면, 어느샌가 마감이 다가와 쩔쩔매면서 별 볼 일 없는 결과만 내게 된다. "세월은 기다려 주지 않는다"라고 했다. 그냥 기다리고 있어서는 결코 보물을 손에 잡을 수 없다.

세상에 지도자가 될 자격이 있는 사람에게는 솔선수범하는 능력이나 시대를 앞서는 선견지명이 요구된다. 실제 업무 수행이나 사고방식에서 타인이 할 수 없는 것을 신속하고 책임 있게 해내고 타인이 생각해 내지 못한 것을 생각해야 한다. 이를 통해서만 타인이 그를 따르고 존경하게 된다.

그 와중에도 세심한 사람이 있다. 이들은 상대방의 기분을 헤아리는 능력이 있다. 상대가 배고파하는 것 같으면 "식사하러 가지요"라고 말을 꺼낸 후 곧바로 "장어를 좋아하셨지요"라며 주문을 미리 해 둘 정도로 세세한 부분까지 배려한다.

타인보다 한발 앞서 있는 사람은 뒤처져서 주눅 들고 휘둘리는 사람보다 순조롭게 앞으로 나아간다. 그런 사람은 자신은 물론 타인의 행동과 마음을 객관적으로 관찰하기 때문에 앞서 나갈 수 있는 건지도 모른다. 상대방의 아첨에 흔들리는 사람보다 솔선수범하는 사람이 자주적, 창조적인 생활을 한다.

68편
나를 다스리는 일이 가장 어렵다

> 목공은 나무를 다듬고,
> 지혜로운 자는 자신을 다듬는다.
>
> 『법구경(法句經)』 145

의사도 불치병에 걸린 환자에게 사실을 말해야 할지 고민한다고 한다. 사실을 이야기하면 의기소침해진 환자가 삶에 대한 희망을 버리게 되어 사망 시기를 앞당기는 결과를 낳기 때문이다. 암에 걸린 어떤 저명한 학자가 의사에게 말했다. "저는 각오가 되어 있으니 솔직하게 말씀해 주세요." 이에 의사가 솔직하게 말을 해주었더니 괴로워하면서 "어떻게든 살려달라"고 애원했다고 한다.

이런 점을 고려하면 근위축증이라는 희귀병으로 생이 얼마

남지 않은 어느 열일곱 살 소년의 이야기는 감명 깊다.

"어머니, 이 휠체어 신세를 진 지도 오래되었네요. 몇 년 동안 신세를 졌죠?"

"오 년 정도 된 것 같구나."

"이번에 바꿀 휠체어는 그렇게 오래 신세를 질 필요가 없겠네요."

"그런 말 하면 못쓴다. 더욱 기운을 내야 한다."

"하지만 이제 여드름이 나지 않아요. 어쩌면 잘생긴 얼굴로 죽을 수 있겠어요. 제가 죽으면 빨간 장미로 꾸며 주세요. 저는 빨간 장미가 정말 좋습니다. 어머니, 울지 마세요. 신은 저에게 병을 주었지만 인생을 살아가게 해주셨습니다. 살아야 할 이유를 알려 주셨습니다. 병은 큰 짐이었지만 신에게도 의도가 있어서 병을 주었을 것입니다. 그러니 '은혜'라고 할 수 있습니다. 신이 '삶의 가치를 찾으라'고 명한 것입니다. 노력하여 자신이 해야 할 일을 있는 힘껏 하지 않으면 곧바로 찾아오는 죽음을 저는 순순히 받아들이지 않았습니다."

여기에서 죽음을 선고받고 절망하는 사람과 각오를 새롭게 하고 열심히 남은 생을 사는 사람의 차이를 볼 수 있다. 빛과 어둠이 구별되듯이 확연히 구별되는 삶의 방식을 볼 수 있다.

『경집』에서 석가는 일찍이 "비록 진실일지라도, 상대를 위하는 일이 아니라면 말하지 않는 것이 좋다. 하지만 진실하고 상대를 위하는 일이라면, 상대가 일시적으로 기분 나빠 할지라도 그것을 말해야 한다"라고 말했다. 우리 역시 진실을 들을 준비가 되어 있어야 한다.

69편
직함이나 지위보다 행동이 중요하다

> 출생 신분에 따라 브라만이라고 불리는 것이 아니다.
> 출생 신분에 따라 브라만이라고 불리지 않는 것도 아니다.
> 그가 한 행위에 따라 브라만이 될 수도, 되지 않을 수도 있다.
>
> 『경집(經集)』

석가가 꼬살라국의 잇차낭갈라 마을에 체류하고 있을 때였다. 그 마을에 바셋타와 바드라드바자라는 브라만 출신의 두 청년이 있었는데, 고귀한 브라만 지위를 버리고 석가에게 출가하였다. 브라만들은 이 두 청년을 비난하며 "브라만은 최고의 종족이며 이 우주를 창조한 범천의 입에서 태어난, 그의 상속자이다"라고 했다. 석가는 이것을 듣고 두 청년에게 말했다.

"저들은 자신들을 좋게 포장하려고 하는 데 지나지 않는다. 브라만은 범천의 입에서 태어났다고 하지만 그들 종족 여성도 자궁을 통해 아이를 낳지 않는가? 어떤 계급에라도 선한 사람이 있는 동시에 악한 사람도 있다. 어떤 계급에 속해 있더라도 행동을 삼가고 다양한 미혹을 버리며 진실한 지혜를 얻으려고 노력한다면, 그를 최고의 인간이라고 부를 수 있다."

석가는 이와 같이 만인 평등사상에 공명하여 모든 계급의 사람을 제자로 받아들였다. 부처의 십 대 제자 중 한 명인 우빨리도 수드라 출신이었다. 입단한 자들은 이전의 출신을 드러내는 이름을 버리고 모두 석가의 제자라고 불리며, 누구도 차별받지 않고, 황의(黃衣)를 몸에 걸치고, 사유물을 지니지 않고 승원에서 공동생활을 하게 된다. 이러한 남방불교 전통이 이후 스리랑카와 버마를 거쳐 동남아 일대에 전승되어 견고하게 유지되고 있다.

모든 차별을 배제한 획기적인 이 불교 운동은 아쉽게도 인도 본토에서 브라만 계급을 정점으로 바라보는 힌두교의 두꺼운 벽에 부딪혀 좌절되었다. 최근 들어 다시 최하층 계급인 불가촉천민들이 만인 평등사상을 설파하는 불교에 집단 개종하였다. 그들은 스스로 신(新)불교도라고 부른다.

특권을 내세우고 타인을 비하하는 사람이야말로 비루한 사람이라는 것을 알아야 한다.

70편
누구에게나 비밀이나 부끄러움이 있다

> 사람들이 분열하는 것을 보면 화합하게 만들어라.
> 타인의 선함은 드러내고 타인의 허물은 덮어주어라.
> 타인이 부끄러워하는 것은 끝까지 드러내지 말아라.
> 타인의 비밀을 들으면 다른 사람에게 말하지 말아라.

『우바새계경(優婆塞戒經)』

모든 사람이 타인에게 좋은 평가를 받고 사랑받고 싶어 한다. 하지만 좀처럼 쉽지 않은 게 현실이다. 그 원인이 어디에 있는지 규명하지 않기는커녕 아무리 미움받아도 태평한 사람도 있다. 하지만 양심이 있는 사람은 가능하면 자신의 결점을 고쳐 가며 친밀감 넘치는 인간관계를 만들고자 노력한다.

아래는 인간관계에 관한 여러 항목을 제시한다. 이 항목 중

"예"라고 답할 수 있는 것이 몇 개나 되는지 표시해 보자.

1. 당신이 좋아하지 않는 사람이 불행한 일로 곤경에 처했을 때 동정심을 느낍니까?
2. 자신이 하는 일이 다른 사람으로부터 인정받거나 칭찬받지 못하더라도 끈질기게 해나갑니까?
3. 만난 적 없는 사람에게 말을 걸 때 미소를 짓습니까?
4. 좋지 않은 감정을 드러내고 나서 미안한 마음이 듭니까?
5. 나에게 이익이 되지 않는 사람의 이야기도 귀담아들으려고 노력합니까?
6. 타인의 약점이나 결점도 포용합니까?
7. 사람들 간의 관계가 틀어진 것을 알아차리면 그 관계를 개선시키려고 노력합니까?
8. 타인이 당신을 비난하는 것을 알아차리면 반성합니까?
9. 타인의 선행을 기뻐하고 칭찬할 마음이 있습니까?
10. 현재 자신이 처한 상황에 만족하며 지금까지 자신을 키워 준 세상과 사람들에게 감사하는 마음이 있습니까?

이 열 가지 질문 중 반 이상 "예"라고 답할 수 있다면 성실한 사람이라고 할 수 있다. 혹시 그 이하라면 자신의 성격에 이상이 있는 것이다. 그런 사람은 반성하지 않으면 다른 사람으로부터 미움받고 인간관계가 어그러져 홀로 남을 위험이 있다.

보통 다른 사람으로부터 호감을 받는 자는 적응력과 융통성이 있는 사람이다. 선량하고 따뜻하며 타인을 자기중심이 아니라 타인을 중심으로 생각하고 배려하는 사람이다. 선의에 근거하여 사물을 해석할 수 있는 사람이다. 협력을 중요시하고 타인의 생각이나 행동을 방해하지 않는 사람이다. 사교적, 활동적, 개방적인 사람이다. 타인에게 감사하고 봉사와 헌신하는 사람이다.

이런 성격은 하루아침에 만들어지는 것이 아니다. 하지만 부처에게 기도하다 보면 자기도 모르는 사이 몸에 배게 된다.

71편

마지막에 남는 것은 마음이다

> 마음의 더러움을 제거하지 않고 법복만 걸쳐서 되겠는가?
> 마음을 다스리지 않고 올바른 행동과 진리를 따르지
> 않는다면, 법복을 몸에 걸치는 것이 적절하지 않다.
>
> 『법구경(法句經)』9

용모, 지위, 직함이 뛰어나더라도 명실상부 뛰어난 사람이 아닐 수 있다.

세속에서는 외견, 평판, 지명도 있는 사람은 상응하게 행동할 것이라고 기대한다. 하지만 때로는 그런 평판이 허명인 경우가 있다. "어떻게 저 사람이 저렇게 행동을 할 수 있지?"라며 사람들을 아연실색하게 하여 기대를 저버리는 것이다. 이러한 허명을 떨치며 세상 사람을 속이는 사람도 나쁘지만, 그것에 속아 넘어가는 사람도 어리석다고 할 수 있다.

석가가 기원정사에 체류하고 있을 때였다. 제자들이 부인 넷을 거느린 남자에 대해 이야기하고 있었다. 그 남자의 첫 번째 부인은 남편이 가장 사랑하는 자로서, 늘 옆에서 그를 시중들게 하였다. 두 번째 부인은 늘 옆에 있으면서 이야기를 나누기는 했지만 첫 번째 부인만큼 사랑하지는 않았다. 세 번째 부인은 가끔 만나면서 위안을 받았다. 네 번째 부인은 하녀와 같이 남편으로부터 어떤 애정도 받지 못하고 그저 일하기만 하였다.

그런데 어느 날 그가 자신이 살고 있는 집을 뒤로 하고 먼 이국에 여행을 떠나야 할 일이 생겼다. 첫 번째 부인을 불러 함께 가달라고 부탁했다. 하지만 그녀는 "아무리 사랑해도 그런 곳에 함께 갈 수는 없습니다"라며 거부했다. 그래서 두 번째 부인에게 부탁하니, 그녀도 일언지하(一言之下)에 거절하였다. 세 번째 부인에게 부탁하니 "성 밖까지만 배웅해 드리겠습니다"라고 했다. 마지막으로 네 번째 부인에게 동행해 달라고 하니 "기꺼이 함께하겠습니다"라고 했다. 그는 하는 수 없이 네 번째 부인을 데리고 가야 했다.

그리고 석가는 다음과 같이 설명하였다.

"사실 이 남자의 여행지는 죽음의 세계이다. 그리고 남자는 인간의 영혼을 가리킨다. 첫 번째 부인은 인간의 육체를 가리킨다. 아무리 사는 동안 육체를 사랑해도 저세상에 데리고 갈 수 없다. 두 번째 부인은 인간의 재물이나 이 세상에 축적한 것이다. 마찬가지로 죽을 때 저세상에 가지고 갈 수 없다. 세 번째 부인은 부모, 처자식 등을 말한다. 죽을 때 그를 배웅해 주지만 저세상에 같이 가 주지 않는다. 그러나 네 번째 부인은 인간의 마음으로, 살아 있을 때는 없는 것 같이 여기지만, 이것이야말로 떨어지지 않고 저세상에 함께 가는 것이다."

"사람의 평판은 그가 관에 들어갔을 때 정해진다"라고 했다. 생전에 어떤 것을 성취하고 세상에 어떤 영향을 끼쳤는지는 그가 죽고 난 뒤에 분명히 드러난다. 그의 육체가 소멸하고 외모가 보잘것없이 된 뒤에도 후세 사람들에게 무언가를 남긴 사람, 그런 사람이야말로 위대한 사람이라고 할 수 있다.

72편
진실의 길을 걷는 자가 이긴다

> 깨달은 사람은 늘 이긴다.
> 두 번 다시 다른 사람에게 지지 않는다.
> 이 세상 누가 그를 이길 수 있겠는가.

『법구경(法句經)』 179

껄끄럽거나 불쾌한 일을 마주하면, 혹독한 현실로부터 눈을 돌리거나 등을 지며 도망가게 마련이다. 도망갈 수 없다면 체념을 넘어 절망하며 자해하는 사람들을 종종 본다.

어떤 정신의학과 교수는 이러한 사람을 모라토리엄(Moratorium) 인간이라고 한다. 이들은 "어떤 일을 대할 때 그 시각 그 장소에 있는 당사자가 되는 것을 피한다. 자신은 그 시간과 장소에서 늘 가상의 존재이며, '진정한 자신'은 슬쩍 다른 한쪽에 보관해 둔다. 그리고 언제든 입장과 생각, 심지어 자신도 바꿀 여지를 남겨 둔다. 주장이 일관되지 않으며, 주장 따윈 있지 않은 척한다. 또한 특정한 당파나 집단에 모든 에너지를 쏟는 것을 피한다."

 석가는 무책임한 사람이 되는 것을 늘 경계하였다. 언제, 어디서, 누구에게나 당당하게 행동하는 주체적 생활 방식을 스스로 실천하였고 타인에게도 권하였다.

 어느 날 석가가 기원정사에 체류하고 있을 때 그의 명성을 시기한 타 종교 수행자가 그 명성을 실추시키기 위해 간계를 꾸몄다. 그들은 찐짜마나비까라는 미모의 여성 수행자를 꼬드겨서 그녀가 마치 석가가 머무는 곳에 다녀온 것처럼 꾸몄다. 그리고 그녀에게 "저는 석가와 한 방에서 묵었습니다"라는 말을 퍼뜨리게 했다. 서너 달이 지난 후에는 천 조각을 배에 넣고 임신한 것처럼 꾸며 "저는 석가의 아이를 뱄습니다"라고 했다. 여덟아홉 달이 지난 후, 배에 나무로 만든 둥근 판을 연결하고 붉은 옷을 감아 석가가 설법하는 자리에 나타났다. 그녀는 모두가 있는 자리에서 석가를 향해 "당신은 향락을 즐기는 것만 알고, 자식을 돌볼 줄은 모르는군요"라며 비난했다. 석가는 "당신이 하는 말이 사실인지 거짓인지는 당신과 저만 알고 있습니다"라고 했다. 그러자 그녀는 "그렇습니다. 당신과 저만 알고 있는 것 때문에 이런 일이 벌어졌습니다"라고 받아쳤다.

때마침 인드라의 힘으로 바람이 불어 그녀가 걸치고 있던 옷이 날렸다. 배에 감추고 있던 나무판마저 떨어져 모든 사실이 드러났다. 모여 있던 사람들은 "발칙한 여성"이라며 그녀를 쫓아냈다.

석가는 가끔 이런 간계에 휘말릴지언정 휘둘리지 않았다. 또한 "이런 비난은 일주일 정도 계속될 것이다. 그러나 시간이 지나면 사라진다"라며 내버려두었다.

자신에게 거리낄 것이 없으면, 무고한 죄를 뒤집어쓰기 싫다고 나서서 해명하거나 반론할 필요가 없다. 끝내는 진실의 길을 걷는 자가 승리한다. 그런 사람은 세간의 대도(大道)를 당당히 걸어갈 수 있다.

73편

착실한 사람이 지혜롭다

> 스승께서 설하신 것은 지엽적인 것을 빼고
> 핵심적인 것만을 확립한 것이었다.
>
> 『중부경전(中部經典)』

"장기에 서툰 사람은 왕보다 비차(飛車)를 아낀다"라는 말이 있다. 장기에서 왕이 잡혀야 지는 것이지, 비차가 잡힌다고 지는 것이 아니다. 물론 비차는 귀하고 유능하다. 그래서 나도 모르는 사이 승패를 결정짓는 왕을 없는 물건으로 여기고 그만큼 중요하지 않은 비차의 동향에 주목하게 된다.

이것은 마치 눈앞의 이익에 어두워서 마땅히 해야 할 일을 돌보지 않고 안 해도 좋을 일에 힘을 쏟는 것과 비슷하다. 목적과 수단을 혼동할 때도 많다. 목적이 있기 때문에 수단이 있는 것이지 그 반대가 될 수는 없다.

세상에는 장기에 서툰 사람과 같이 반드시 해야 할 일을 하지 않고 하지 않아도 될 것을 하는 사람이 의외로 많다.

석가가 기원정사에 체류하고 있을 때 그의 제자 말룬꺄뿟따로부터 다음과 같은 질문을 받았다.

"세상은 시간적으로 영원합니까? 아니면 끝이 있습니까? 세상은 공간적으로 유한합니까? 아니면 무한합니까? 그리고 영혼과 육체는 하나입니까? 아니면 별개의 것입니까? 부처는 사후에도 존재합니까? 아니면 존재하지 않습니까? 대답해 주십시오."

이에 대해 석가는 조용히 답했다. "말룬꺄뿟따여, 여기에 어떤 사람이 독화살에 맞고 고통스러워하고 있다고 하자. 의사가 화살을 빼고자 할 때 가족들이 '화살을 뽑지 마십시오. 그 전에 이 화살을 쏜 사람이 누구인지, 화살이 어디서 날아왔는지, 화살을 만든 사람이 누구인지를 알아야 합니다'라고 말했다고 하자. 화살에 맞은 사람은 이 모든 답을 알기 전에 죽고 말 것이다. 이와 마찬가지로 중요한 것은 세상의 이치를 꼬치꼬치 캐묻는 것이 아니라 현실에서 우리를 괴롭히는 고통을 제거하는 것이다. 나는 모든 것이 고통이라는 것, 그것에는 원인이 있다는 것, 그 고통을 제거해야 한다는 것, 그리고 그 고통을 제거하는 방법이 있다는 것과 같은 진리를 설하였다. 설명할 필요가 없는 것은 설명하지 않았고, 설명해야 할 것은 설명하였다."

 단순히 기억력이 좋고 사물을 유추하는 사람이 지혜로운 사람이 아니라, 현실 상황을 정확하게 파악하고 기지를 발휘하여, 목적을 향해 기민하게 행동하는 사람이 지혜로운 사람이다. 이런 사람은 인생에 대해 질문할 때보다 인생에 문제가 생겼을 때 진가를 발휘한다. 그는 인간으로서 해야 할 일을 착실하게 해나간다.

74편
깨달은 한 가지 구절이 귀하다

> 천 가지 구절을 암송하더라도 그 구절의 의미를 모르면,
> 핵심 구절 하나만 듣고 악을 제거하는 것만 못하다.
> 천 가지 구절을 암송하더라도
> 올바른 의미를 파악하지 못한다면,
> 한 가지 구절의 뜻에 따라 행동하여
> 깨달음을 얻는 것만 못하다.
>
> 『법구비유경(法句譬喩經)』

학생들은 학교에서 높은 점수를 얻고 시험 경쟁에서 살아남아 일류 대학과 일류 회사에 들어가는 것만을 인생의 목적을 삼고, 삶의 보람을 느끼는 것 같다. 이런 사람은 사회에 나가서도 타인과 교제가 어려운 이기주의자가 되기 쉽다. 성공할

지는 몰라도 다른 사람의 미움을 사고 외톨이가 될 것이다.

일류 대학 출신이라며 학력을 자랑하고 지식을 과시하며 득의양양해하는 사람들이 있다. 때로는 유명인을 들먹이며 그들과 학생 시절 친구였다고 허풍을 치기도 한다. 상대가 "정말 대단하네요"라며 감동한 모습을 보이면 매우 만족해하지만, 그렇지 않은 사람은 바보나 저능아 취급을 하면서 무시하고 비난한다. 본인이 득의양양해하고 있는 만큼 남들의 빈축과 비웃음을 사는 것을 본인만 모른다.

석가가 살아 있을 때 방기사라는 브라만 출신 세력가의 이야기가 『잡아함경』을 통해 전승되고 있다. 이 남자는 일곱 살 무렵 브라만교의 경전을 모두 공부하고, 어른도 이길 수 없을 정도로 달변가가 되었다. 성인이 된 후에는 재능을 충분히 발휘하여 누구도 그를 따라잡지 못하고 그저 감복만 하였다. 그는 또한 인간이 죽은 후 어디에서 다시 태어나는지를 알아맞히는 불가사의한 재능을 가지고 있었다.

어느 날 그가 기원정사 근처에 방문하였을 때 석가가 그곳에 체류하고 있다는 것을 알고, 누가 더 뛰어난지를 시험하고자 하였다. 석가는 두개골 다섯 개를 나열하고 지옥, 축생, 인간계, 천계에서 태어난 자의 두개골과, 번뇌에서 벗어나서 깨달음을 얻은 자의 두개골을 보여 주며 방기사에게 두개골의 주인을 알아맞히게 하였다. 그러자 앞의 네 개는 알아맞혔지만 마지막 두개골은 알아맞히지 못하였다. 그러곤 석가의 제자가 되기로 하였다.

예부터 "지식은 획득하는 것이고, 지혜는 드러나는 것이다"라고 하였다. 지식은 노력 여하에 따라 얻게 되는 것이다. 하지만 지혜는 아무리 지식을 얻고 똑똑해졌다고 해도 그리 쉽게 나에게서 드러나지 않는다. 방기사가 얻은 지식은 석가의 지혜에 미치지 못한다는 것을 이 이야기가 보여 준다.

일찍이 영국의 비평가 웰링턴은 "종교 없는 교육은 지식 있는 악마를 만드는 것에 지나지 않는다"라고 했다. 오늘날 교육은 어떤가?

75편
노력하는 것 자체가 기쁘다

> 노력하는 것을 기쁘게 여기고
> 게을러지는 것을 두려워하라.
> 도(道)를 구하는 사람은
> 거칠거나 세밀한 모든 번뇌를 태우는 불길처럼 걸어 나간다.
>
> 『법구경(法句經)』 31

최근 '멀티태스킹'하는 사람이 늘어나고 있다. TV를 보면서 식사하고, 간식을 먹으며 신문을 읽고, 음악을 들으며 공부한다. 가끔은 이런 태도도 필요할 것이다. 하지만 어느 하나에 집중하지 못하고 일의 성과도 생각보다 좋지 않은 경우가 많아 보인다.

인간은 한 번에 하나만 생각할 수 있다. 동시에 두 가지 이상을 할 수 있는 사람은 천재이거나 괴짜이다.

　석가의 직제자 아난다는 늘 석가의 곁에 있으면서 집중하여 스승의 설법을 들은 자로 알려져 있다. 어느 날 아난다가 등에 종기가 나서 고생하고 있는 것을 석가가 알고 명의로 이름이 알려진 지바까에게 치료를 부탁하였다. 지바까는 진료 후 종기를 칼로 갈라 없애는 것 외에 방법이 없다고 결론을 내렸다. 하지만 그 치료법은 매우 고통스러웠다. 그래서 지바까는 아난다가 석가의 설법을 열심히 듣는 것을 떠올렸다. 그리고 아난다가 설법을 듣고 있을 때 그의 등에 있는 종기를 칼로 갈랐다. 절개수술이 시작되었는데도 아난다는 조금도 알아차리지 못하고 한마음으로 설법을 들었다고 한다.

　비슷한 이야기가 옛 단편에 기록되어 있다.

　과거 자신이 범한 죄 때문에 사형을 선고받은 남자가 주인인 무사에게 "내가 참수당한다면 반드시 복수를 할 것입니다"라며 위협하였다. 무사는 그 말을 듣고 "너의 원한의 증거로, 머리가 잘린 다음 앞에 있는 디딤돌에 이빨 자국을 넘겨 보아라"라고 말했다. 남자는 "좋습니다. 돌을 물어 보겠습니다"라고 말하고 목이 잘렸다. 그러자 그 머리가 디딤돌 쪽으로 데굴데굴 굴러갔다. 그리고 순간적으로 돌 위쪽을 이빨로 물고 매달려 있다가 떨어졌다. 집안 사람들은 두려워하면서 죽은 남자의 명복을 비는 제를 올리자고 주인에게 말했다. 무사는 "쓸데없는 짓이다"라고 거절했다. 무사는 그 남자가 디딤돌을 물겠다는 생각에 집중하느라 자신의 원한을 잊어버렸을 것이라고 했다.

한 가지 일에 종사하며 그것을 제대로 성취하기 위해서는 다른 모든 일을 잊고 본업에 몰두하여 그것과 하나가 되어야 한다. 그러기 위해서는 일시적으로 외부와의 소통을 단절하고 열중해야 한다. 우리 모두 마음의 흐트러짐 없이 몰두하고 열중할 수 있는 사람을 찾고 있지 않은가?

76편
충만한 삶도 의지에 달렸다

> 잠이 오지 않으면 밤이 길고,
> 피곤하면 길이 멀어진다.
> 어리석으면 생사윤회가 길다.
> 올바로 법을 구하지 않는 자에게 인생은 공허하다.
>
> 『법구경(法句經)』 60

좋은 일이라는 것을 알아도 미루다가 끝내 실행하지 않고, 나쁜 일이라는 것을 알아도 정에 휘둘려 저질러 버리는 경우가 있다. 일찍 자고 일찍 일어나야 좋다는 것을 우리는 잘 알고 있다. 좋다는 것을 알아도 전날 밤에 만취할 때까지 마시거나 밤새 야근하거나 동트기 전 추운 새벽에 신음하며 일어난 경험이 있을 것이다.

욕망이나 감정을 이성으로 제어해야 한다는 것을 모두 알고 있어도 실제로 실행에 옮기기는 쉽지 않다. 의지가 약해서 혹은 하고 싶지 않아서, 안이하고 쉬운 방법을 찾다가 때를 놓치고 후회하며 뭉개는 현대인이 많다. 수수방관하는 것만으로는 무엇도 성취할 수 없다. "굴러들어 온 떡"처럼 행운은 굴러들어 오지 않는다. 자신의 의지로 용기 있게 부딪혀야만 행운의 여신이 자연스럽게 다가오는 것이다.

 수면제 탈리도마이드 피해자인 어느 여성은 두 손의 사용이 불편했다. 그러나 그녀는 다른 사람들처럼 수영이 하고 싶었다. 그녀는 목적을 이루기 위해 열심히 연습한 후 배에서 바다로 입수하여 다리로만 수영했다. 이 여성이 가진 '무엇이든 해낼 것이다' '해야겠다고 마음먹은 이상 반드시 완수할 것이다'라는 강한 신념에 감동하지 않을 수 없다. 손 없이 수영하는 것은 만만한 도전이 아니다. 그러나 강한 신념은 바다 수영을 가능케 했다.

 장애가 없는 사람도 처음 수영을 배울 때는 무섭고 상당한 용기가 필요하다. 그녀는 장애에 굴하지 않고 목적을 이루었다. 본인 자신도 수영을 통해 큰 감동과 즐거움을 느꼈을 것이다. 또한 '하면 된다'는 자신감을 많은 사람에게 심어 주었을 거로 생각한다.

 우리는 할 수 있는 것도 좀처럼 하려고 하지 않고, "못 하겠다"라는 푸념만 내놓는다. 해내겠다는 마음으로 마주한다면 누구도 막을 수 없다. 불가능해 보이는 것도 이룰 수 있다.

우리는 보통 용모가 단정하고 멋있는 행동을 하는 사람이 매력적이라고 생각한다. 이들이 세상에서 이쁨받고 동경의 대상이 되기는 한다. 하지만 이런 사람만 매력이 있는 건 아니다. 용모나 언행이 별로 매력적이지 않더라도 문제의식이나 목적을 가지고 열심히 일에 몰두하는 사람도 아름답게 느껴진다. 인생을 적당히 살고 있는 사람보다야 훨씬 큰 매력을 느낄 수 있다. 자신의 손익을 계산하지 않고 타인을 위해 봉사하고 있는 사람도 비슷한 매력이 있다.

장애인 시설에서 묵묵히 일하는 자원봉사자, 매일 어린 학생들의 등하굣길에서 교통 지도하는 어른들, 많은 나이에도 불구하고 드러나지 않는 장소에서 훌륭하게 고된 노동을 해내는 모습을 보면 저절로 고개가 숙여진다. 또한 기차나 버스를 운전하는 사람이나 예술을 하는 사람의 진지한 태도에도 존경심을 느낀다.

어떤 일에 열중하고 정열을 불태울 수 있는 이유는, 그 일에 가치를 부여하고 반드시 해야 한다는 사명감을 지니고 있기 때문이다. 그것은 일종의 신앙이라고 부를 수도 있다. 신앙이란 어떤 특정한 신이나 부처에게 기도하는 것만 가리키는 것이 아니다. 자신이 세운 목표를 향해 끊임없이 노력하고 추구하는 것도 신앙이다.

  이런 사람들은 자신이 매력적인 사람이라는 사실을 모를 수 있다. 하지만 자신이 해야 할 일에 매력을 느끼고 해나가는 사이 본인도 매력을 갖추게 된다. 경외심이나 감동이 없는 사람에게 이 세상은 시시하고 살 가치가 없는 곳이 된다.

77편
비난을 두려워할 필요 없다

> 비난만 받거나 칭찬만 받는 자는,
> 과거에도 없었고 미래에도 없을 것이고 현재에도 없다.
>
> 『법구경(法句經)』 228

타인에게 미움받고 비난받는 것을 좋아하는 사람은 없다. 반면 사랑받고 칭찬받기를 원하는 사람은 많다. 인간은 감정을 가진 동물이라서 말 한마디에 일희일비하는 나약한 존재다. 그러니 상대의 신경을 거스르는 언행은 되도록 피하게 된다. 특히 정신적으로 미성숙한 어린이를 대할 때는 쓸데없는 언행을 삼가고 아이가 지닌 본바탕을 개발하는 데 도움이 되는 말을 해 주어야 할 것이다.

유치원생을 대상으로 조사한 결과, 부모로부터 듣기 싫은 말은 "나가" "바보야" "말썽꾸러기야" "청소해" "이리 와" "싫어" "울보야" 등이었다. 반대로 부모에게 듣고 싶은 말은 "말을 예쁘게 하는 착한 아이네" "귀여워" "고마워" "잘했어" "어린이로 자랐네" 등이었다.

아이가 마음에 상처를 입으면, 그 악영향은 꼬리에 꼬리를 물어 삐뚤어진 어른으로 크기 쉽다. 그렇다고 무분별하게 칭찬만 하면 제멋대로인 아이가 된다. 그러니 칭찬도 적절히 해야 하고, 혼내야 할 때는 그 이유를 잘 설명해야 한다. 부모나 주변 사람이 솔선수범한다면 아이도 자연스레 잘못한 것을 이해하고 따를 것이다.

때때로 어른이 아이를 혼내는 이유가 아이를 올바로 키우기 위해서라기 보다 아이가 내 뜻대로 행동하지 않는다고 화풀이하기 위해서인 경우가 있다. 그런 어른의 눈치를 보는 아이가 가엾지 않은가?

성취를 위해 다른 사람들을 넘어서다 보면 얼마간 사람들의 비난을 감내해야 할 수도 있다. 이 점을 각오해야 한다는 사실은 예나 지금이나 변함이 없다. 청빈한 삶을 감내하면서 자신의 신념대로 살았던 것으로 유명한 작가 이치카와 후사에(市川房枝)는 "보통 사람과 다른 점이 있으면 틀림없이 비난을 받는다. 비난받지 않는다는 것은 남들과 똑같이 생각하고 행동하고 있다는 것이다. 그러니 비난받는다는 것은 새로운 운동이 일어나고 있다는 것이다. 모든 사람에게 동시에 비난받는 일은 없다"라고 했다.

진보와 발전은 늘 현 상황을 개혁하는 사람에 의해 이루어진다. 신앙을 가진 사람이란, 보통 신과 부처를 믿고 그들의 영향을 받거나 특정한 종교 집단에 소속되어 안정감을 얻으려는 사람이다. 그러나 진정한 신앙인은 매일 새로운 것을 향해 자신을 갈고닦아 성장하는 사람을 가리킨다.

78편

행동은 많은 것을 말해 준다

> 남의 허물을 보지 말아라.
> 남이 무엇을 했고 무엇을 하지 않았는지 보지 말아라.
> 오로지 나 자신이 무엇을 했고
> 무엇을 하지 않았는지 생각하라.
>
> 『법구경(法句經)』50

손을 위로 번쩍 들고 소리를 높여 "세계에 평화를, 인간에게 사랑의 손길을"이라는 구호를 길거리에서 반복하는 사회운동가를 볼 때가 있다. 그런 사람 중 실제로 평화애호가인지, 정말 인간애가 넘치는 사람인지 의심스러운 경우가 종종 있다.

말로는 누구든 평화나 사랑을 외칠 수 있다. 하지만 모든 사람이 말한 대로 실행하는 것은 아니다. 어떤 사람은 일을 실행시키지 못하면서 이상과 현실의 괴리에서 오는 불만을 다른 사람에게 풀기 위해 자신을 진정한 실천가인 양 행세하는 것 같다.

원래 평화나 사랑 같은 것은 다른 사람에게 가르쳐 줄 수 있는 게 아니다. 스스로 느끼고 자신만의 방식으로 타인과 개인적으로 관계를 맺는 과정에서 보여 주는 것이다.

석가가 살아 있을 때, 교역을 위해 라자그리하에 방문한 수닷따 장로가 석가의 가르침을 듣고 귀의하였다. 그는 베푸는 즐거움을 알게 되어 기회가 있을 때마다 보시하였다. 고향 슈라바스띠에 돌아온 뒤에는 자신의 재산으로 기원정사를 짓고 석가 일행을 맞이하였다. 그뿐만 아니라 어려움에 처한 사람에게 음식, 의복 등을 골고루 보시하고, 때로는 동물들에게도 보시하였다.

어느 날 석가가 그런 수닷따에게 물았다. "장로여, 당신은 왜 기꺼이 보시를 행합니까?"

그는 "보시가 즉 저의 수행이라고 생각합니다. 보시를 통해 덕을 보려는 생각도 없습니다. 사람들이 기뻐하는 모습을 보는 것이 좋습니다. 저는 공덕을 쌓고 있는 것입니다. 별 볼 일 없는 보시라서 송구할 따름입니다"라고 답했다.

석가가 말했다. "장로여, 보시하는 물건이 많고 적은 것은 문제가 되지 않습니다. 진심으로 손수 보시하며 상대방의 행복을 바란다면, 그것만으로도 훌륭한 보시입니다. 최상급의 물건이나 진귀한 음식을 보시하더라도 그것이 진심이 아니라 자신의 공명심에서 행하는 것이라면 좋은 공덕이 쌓이지 않습니다." 그 후로도 수닷따는 묵묵히 할 수 있는 한 많은 보시행을 했다고 한다.

79편
돈은 인생의 전부가 아니다

> "내 자식이다" "내 재물이다" 하면서
> 어리석은 사람은 괴로워한다.
> 나 자신도 나의 것이 아니다.
> 누가 자식과 재물을 소유할 수 있는가?
>
> 『법구경(法句經)』 62

나의 지인 중에 일흔세 살로 생을 마감한 어른이 계셨다. 그는 화재로 집을 잃고, 무일푼으로 인생을 다시 시작해야만 했다. 이후 혈혈단신으로 일하여 돈을 모아 수억대의 재산을 축적하였다. 세상 사람들이 졸부라고 비난해도 개의치 않았다. 그는 "돈이 인생의 전부다. 돈만 있으면 좋아하는 것을 손에 얻을 수 있고 사람들도 모을 수 있다. 돈이 끊어지면 연도 끊어진다. 돈이 사라지면 사람들도 떠나간다"라고 말했다. 그의 일상생활은 소박하고 쓸데없는 지출을 극도로 삼갔다. 한 푼이라도 모이면 싱글벙글했다. 모은 돈으로 토지를 사며 착실하게 재산을 불렸다.

하지만 의지하는 것이 오직 돈 뿐이었기 때문에, 가정도 돌보지 않았다. 자식들은 성인이 되자 일찍 부모에게서 독립하여 집에 모이지 않았다. 세월이 지나도록 그의 완고함은 심해지기만 했다. 취미 하나 없이 이른 아침부터 늦은 밤까지 돈이 되는 것은 무엇이든 했다.

그랬던 분이 갑자기 돌아가시게 되었다. 소원하게 지내던 자식들도 아버지의 급서 소식을 듣고 본가로 달려왔다. 밤샘 공양이 조용히 진행되었다. 나도 그 자리에 초대받았다. 무사히 공양 절차가 끝났다. 그러나 술자리가 길어지자 거친 말로 싸우는 소리가 들려왔다. 자식들이 유산 배분 문제에서 합의점을 찾지 못하고 싸우기 시작하여 급기야 서로 멱살을 잡는 일까지 일어났다. 주위 사람들의 만류에 겨우 싸움은 끝이 났다. 그들의 아버지는 그때까지 먹지도 마시지도 않고 일하여 돈을 축적했지만, 그게 그의 인생에 무슨 의미가 있는 걸까?

싸움을 앞두고 유해가 된 아버지는 어떻게 생각할까? 그러나 잘 생각해 보면 "그 아버지에 그 아들"이라고 할 수 있을 것 같다. 아버지의 죽음을 애도하기 위해서가 아니라 재산 때문에 달려온 자신들에게만 책임을 물을 수 없는 일이다. 그때까지 가정을 돌보지 않고 자식들을 방치하고 재물 축적에 광적으로 매달린 아버지에도 일말의 책임이 있는 것이다. "돈이 인생의 전부"라는 경직된 생각을 가지고, 그 목표를 달성하기 위해 자신과 가정을 희생하면서까지 악착같이 일하여 어느 정도 성공했을지 모른다. 하지만 재산을 위해 포기한 것의 가치가 너무나도 크다.

재산은 인생의 수단이 되지만 목적은 될 수 없다. 이 아버지도 생전에 그 가치를 일찍이 깨달아야 했다.

80편
조건과 실력을 먼저 갖추어야 한다

무화과나무 숲에 들어가서 꽃을 구해도 얻을 수 없다.

『경집(經集)』

일본 설화에 다음과 같은 우화가 전승되고 있다.

어느 날 개와 원숭이가 다투고 있었다. 지나가던 벌이 자세히 들어 보니 다음과 같은 말이 오갔다. 개가 말했다. "나는 이 마을의 자산가로서 거액의 돈을 기부하고 여러 직책도 열심히 수행하며 마을의 발전을 위해 노력했다. 이 마을을 가장 사랑하는 자는 바로 나다." 이에 원숭이가 맞받아쳤다. "웃기지 마라. 이 마을 사랑한다고 하는 자 중에 정말로 사랑하는 자는 없다. 그런 자들 때문에 마을이 발전하는 것이 아니다. 나는 자산도 지위도 없지만, 시내 사람과 이야기를 주고받고 있다. 나는 입으로 떠벌리지 않지만, 나야말로 이 마을을 가장 사랑하는 자이다."

이들은 상대방을 헐뜯으며 자신만이 마을을 사랑하고 있다며 다투고 있었다. 그것을 가만히 보고 있던 벌은 웃으면서 "정말 사소한 걸로 싸우고 있구나. 듣고 있는 건 시간 낭비다. 인제 그만 내 일을 하러 가야겠다"라며 서둘러 그곳을 떠나 집에 돌아와 벌집 만들기에 전념하였다.

이 중 누가 마을을 가장 사랑하는가? 재산, 직함, 지위를 내세우며 많은 직책을 역임하고, 시내 사람들과 소통한다고 해서 자신을 '그 마을을 가장 사랑하는 자'라고 할 수 있는가? 정말 마을을 사랑하고 문화를 발전시키는 자는 자신이 해야 할 일에 최선을 다하는 자이다. 개와 원숭이와 같은 자는 말만 내세우고 실천은 하지 않는 경우가 많다. 꿀벌처럼 그저 뚜벅뚜벅 자신이 해야 할 일에 전념해야 한다.

조건이나 실력을 갖추지 않고 좋은 결과를 바라며 자신만 좋은 자가 되려는 것은 글머리에서 말한 것처럼 꽃이 없는 곳에서 꽃을 구하는 것과 같다.

81편

모든 것에 정도가 있다

| 나는 즐거움을 적당히 느끼는 것을 가장 큰 바람으로 삼는다.
『상응부경전(相應部經典)』

옛날 인도에 어리석은 한 남자가 있었다. 어느 날 그는 식사에 초대받았다. 주인이 음식의 맛이 어떠냐고 물었다. 그는 "조금 싱겁네요"라고 답했다. 그러자 주인은 요리에 소금을 약간 뿌렸다. 그러자 맛이 좋아졌다. 이 남자는 식사를 하면서 "그렇구나. 소금이 이렇게 요리를 맛있게 만드는구나. 소금을 많이 넣으면 더 맛있어지겠지"라고 생각했다. 집에 돌아가 모든 요리에 소금을 많이 넣으니 도저히 먹을 수 없는 음식이 되었다. 이 이야기는 『백유경』에 기록된 것이다.

사물마다 적절한 정도가 있다. 그 이상도 그 이하도 아닌 딱

알맞은 정도가 있다. 그것을 잊고 욕망이 이끄는 대로 살다 보면 본래 자신을 잃게 된다. 그리고 그 대가를 받게 된다. 술을 너무 많이 마시면 구토와 숙취를 겪게 되고, 하고 싶은 말을 다 내뱉어 타인에게 화풀이하면 반감을 사게 된다. 도가 지나치면 좋은 결과를 얻을 수 없다.

매스컴을 뒤흔드는 흉악 범죄들을 보고 있으면 그들의 극악무도한 범죄행각에 아연실색하게 된다. 일가족을 모두 살해하거나 동반 자살하는 사건이 일상다반사로 벌어지고 있다. 청소년의 비행이나 성인의 비리 사건은 이제 흔한 일이 되어 버렸다. 언제, 어디서, 어떤 사건이 벌어질지 모르는 상태가 되었다. 도덕의식은 낮아지고 각자 권리주장만 강해져 다툼과 반목이 끊이질 않는다.

일본인은 난관에 부딪히면 앞뒤를 재지 않고 저돌적으로 돌진하는 경향이 있다. 너무 지나치거나 한쪽으로 치우치거나 무리한 결과를 낳기도 한다. 2차 세계대전 직전에 일본은 정치적으로도 경제적으로도 연합국에 의해 궁지에 몰려 자신의 상황을 냉정히 판단하지도 않고 전쟁을 일으켰다. 애초부터 열세라고 생각했으면서도 군대의 힘을 과신했다. 자원이나 보급로 확보도 하지 않고 돌진하였다. 전선을 지나치게 확대하여 부푼 풍선을 자르듯이 자멸하였다. 전후(戰後)의 부흥도 승전국이나 선진국을 "따라잡자, 뛰어넘자"라고 국민들이 일치단결하여 노력한 덕분에 단기간에 경제 대국으로 성장할 수 있었다. 저돌적인 돌진 의식이 발휘된 것이다.

인제 우리는 지구촌시대에 살고 있다. 눈앞의 이익에 휘둘려 '빨간불이라도 모두 함께 건너면 괜찮다'라는 생각으로 사는 것이 허락되지 않는다. 이는 일상생활을 할 때도 업무를 추진할 때도 균형감각을 갖추어야 한다는 것을 의미한다. 더불어 규범을 어기지 않으려고 노력하고 자중해야 한다.

82편
나만이 나를 이끌 수 있다

> 내가 의지할 곳은 나 자신이다.
> 나 자신 이외에 누구를 의지하겠는가?
> 스스로 잘 다스린다면 그보다 더 강한 것이 어디에 있겠는가?
>
> 『법구경(法句經)』 160

고타마가 아버지의 집을 나서서 출가했을 때 따라나온 찬나는 고타마가 깨달음을 얻고 고향인 까삘라바스뚜에 돌아왔을 때 출가하였다. 그 후 스승의 곁에서 수행에 힘썼다. 그는 스승의 어린 시절을 잘 알고 있었고 자신이 스승의 출가를 도왔다는 자부심 때문에 기회가 있을 때마다 "나는 누구보다 스승님과 가깝다"라고 말하며 교만을 키우고 있었다.

어느 날 찬나는 석가의 2대 제자인 사리뿟따와 목갈라나에 대해 이러쿵저러쿵 말을 옮기고 있었다. "나는 스승님이 출가할 때 곁에 있으며 늘 시중을 들었다. 그런데 내가 아닌 두 사람이 스승의 수제자라고 이야기한다."

석가는 다른 제자로부터 이 이야기를 듣고 바로 찬나를 불러 사실인지 물어보았다. 찬나는 아무 대답도 못 하고 조용히 있었다. 스승은 그의 마음을 간파하고 타인을 흉보지 말라고 조용히 타일렀다. 하지만 얼마 지나지 않아 그가 다시 두 사람을 비난하기 시작했다. 다른 제자들이 난처해하며 다시 한번 스승에게 전했다.

이에 석가는 "내가 살아 있는 동안 찬나의 생각을 바꾸는 것은 어려울 것이다. 내가 이 세상을 떠난 후 찬나는 자신의 과오를 뉘우칠 것이다"라고 답했다.

석가가 입멸하기 직전에 제자 아난다가 스승에게 "저희가 찬나를 어떻게 대하면 좋겠습니까?"하고 물었다. 석가는 "아난다여, 내가 이 세상을 떠난 후, 찬나에게 브라흐마단다를 내리는 것이 좋겠다"라고 했다. 이 벌은 자신이 생각한 것은 무엇이든 말해도 되지만, 다른 제자들이 그에게 말을 걸지도, 주의를 주지도, 가르침을 주지도 않는 것이다. 즉, 그 사람을 무시하는 처벌 방식이다.

석가가 입멸한 후에, 아난다는 찬나를 불러 그 벌을 선고하였다. 찬나는 비로소 자신의 죄를 뉘우쳤다. 그 후 마음을 고쳐먹고 깨달음을 얻을 수 있었다.

  이렇게 제자들에게 잘못이나 실패가 있을 때 석가는 그것을 경계하고 삼가는 말을 남겼다. 이에 근거하여 불교 교단의 새로운 규칙이 정해졌다. 스승이나 부모 곁에 오래 있으면 그의 권위를 등에 업고 그것을 독점하여 자신이 대단한 사람인 양 착각하는 사람이 있다. "이왕 기댈 거면 큰 나무에 기대라"라는 말이 있다. 타인의 권위에 기대고 싶은 마음은 이해하나 오래 의지하다 보면 누구보다 자신이 보잘것없어진다. 위의 이야기는 이를 경계하고 있다.

83편

익숙해지는 것은 무서운 일이다

> 익숙함으로부터 근심이 생기고,
> 익숙함으로부터 불안이 생긴다.
> 익숙함에서 벗어난 사람은 근심이 없다.
> 하물며 두려움이 있겠는가?
>
> 『법구경(法句經)』 213

익숙함이라는 것은 무서운 것이다. 매일 똑같은 사람과 만나고 똑같은 일을 하고 있으면 타성에 젖어 사람이나 사물에 대한 흥미가 떨어지고 습관적으로 일을 처리하게 된다. "고인 물은 썩는다"라는 말이 있다. 교만한 마음과 상대방을 농락하는 태도가 생겨서 결국 실패하게 된다는 뜻이다.

『잡보장경』에서 소개하고 있는 젊은 신선도 비슷한 실패를 경험했다.

옛날 바라나시에 연로한 신선이 살고 있었다. 어느 날 그에게 젊은 신선이 제자로 들어왔다. 제자는 스승 아래에서 엄격한 수행을 실천하여 오랜 노력 끝에 염원했던 신통력을 얻고, 사람들 앞에서 불가사의한 힘을 보여 줄 수 있게 되었다. 거리에서 신통력을 보여 주며 요란을 떨자 많은 사람이 그를 추켜세웠다. 얼마 가지 않아 그에게 오만한 마음이 생겨 "내가 이렇게 유명해졌구나. 이제 대신선이 된 것이다"라고 자부했다. 심지어 연로한 신선을 업신여기기 시작했다. 그런데 이를 알아챈 관중들이 그를 버리니, 그의 신통력도 없어지고 말았다.

불교 설화집 『본생경』에도 유사한 일화가 소개되어 있다.

어느 마을에 인기 많은 곡예사가 자기 키만 한 창 네 개를 일렬로 세워 놓고 창끝 위를 뛰어넘는 곡예를 부려서 구경꾼들의 박수를 받고 사례금을 받았다. 이에 기분이 좋아진 곡예사는 술을 잔뜩 마시고 호기롭게 "창 네 개 정도는 쉽게 넘을 수 있으니 다섯 개를 해 보겠습니다"라고 소리쳤다. 그 말에 놀란 제자들은 "스승님, 그러지 마십시오. 스승님은 지금까지 한 번도 창 다섯 개를 뛰어넘어 본 적이 없습니다. 그런 일을 벌이다간 명이 단축될 것입니다"라고 간언했다. 하지만 기고만장해진 곡예사는 이를 듣지 않았다. "나를 방해하지 말아라. 너희들은 나의 진면목을 모른다"라며 끝내 창 다섯 개에

도전하였다. 안타깝게도 이는 곡예사에게 역부족이었다. 그는 다섯 번째 창에 찔려 비명횡사하고 말았다.

평소 직접 해 보았다고 방심하면 일이 어그러지게 된다. 나이가 들어서건 방심해서건 항상 초심을 잃지 말아야 한다. 누구에게나 무엇이라도 처음 만난 것처럼 매일매일을 새롭게 대한다면 위에서 서술한 젊은 신선이나 곡예사와 같은 일은 당하지 않을 것이다. 그리고 탄탄한 인생을 살아갈 수 있을 것이다.

84편
어떤 모양이든 미움은 좋지 않다

> 화내는 습관이 있고,
> 타인을 증오하고,
> 타인의 미덕을 덮으려 하고,
> 그릇된 견해를 가지고,
> 외모만 신경 쓰는 사람은
> 올바른 사람이 아니라는 것을 알아야 한다.

『경집(經集)』

옛날 유럽이나 미국에서는 화재나 역병을 악마의 소행이라고 생각했다. 때문에 재앙을 가져왔다고 여겨지는 여성을 잡아서 죽이는 '마녀사냥'이 유행했다. 아무리 본인이 부인하고 해명해도 누구 하나 믿어 주지 않았다. 문자 그대로 제물로 바쳐진 여성은 대중의 구경거리가 되어 모욕을 받다가 참수되었다. 대중들은 이를 통해 불안을 해소했다.

『본생경』에서 소개하고 있는 밋따빈다까라는 수행자도 이와 비슷하게 사람들의 미움을 받고 마을에서 추방당했다.

그는 바라나시의 유명한 스승 아래에서 수련하다가 주위 사람과 사소한 언쟁을 벌여 따돌림을 당했다. 결국에는 그곳을 떠날 수밖에 없었다. 그리고 어떤 마을에 당도하여 한 여인을 아내로 맞고 아이까지 낳아 정착하게 되었다. 그때 마을에 연달아서 불행한 사건이 일어나 마을 사람들이 무언가 불길하다고 느꼈지만 딱히 짚이는 것이 없었다. 다만 밋따빈다까가 마을에 거주하면서 사람들에게 가르침을 주고 있을 뿐이었다. 마을 사람들은 그가 이사 온 것이 원인이라고 생각하기 시작하였다. 결국 그와 그의 가족을 역병을 가져오는 신과 같이 여겨 마을에서 추방하였다. 그 후 어디를 가도 그는 항상 미움만 받아 유랑하는 삶을 살 수밖에 없었다.

비슷한 현상이 현대 사회에서도 실제로 일어나고 있는 것 같다. 가령 어떤 불행한 사건이 일어나면 특정 인물을 콕 집어 비난하면서 모든 책임을 그에게 전가하고 화풀이하곤 한다. 희생자가 정치가, 의사, 학자 등 유명인일수록 더 좋아한다. 비리나 뇌물 등 부정한 사건이 드러나면 "내 그럴 줄 알았다"라며 차가운 눈초리로 본다.

물론 고발당하고 규탄당하는 사람에게 잘못이 있을 수 있다. 그러나 매스컴을 통해 드러난 사람만 잘못이 있다고 여기고 표적으로 삼아 사회적 재판을 하는 건 옳지 않다. 그런 사건을 방패막이 삼아서 훨씬 큰 잘못을 저지른 사람이 자신의 잘못을 숨기고 피해자인 척하고, 오히려 사건 당사자를 규탄하는 경우도 있다.

85편

태도가 마음을 바꾸기도 한다

> 불법(佛法)의 바다에 들어가기 위해서는
> 믿음을 근본으로 삼고,
> 생사의 강을 건너기 위해서는
> 계율을 뗏목으로 삼아야 한다.
>
> 『심지관경(心地觀經)』

뗏목은 강 이쪽에서 저쪽으로 짐을 운반하는 데 유용한 수단이다. 하지만 건너고 나면 더 이상 필요 없게 된다. 마찬가지로 우리가 인생이라는 강을 건너기 위해서는 확고한 마음가짐이 필요하다. 그리고 올바른 마음가짐을 지니기 위해서 몸가짐을 바로 함으로써 거기에 깃든 마음을 정돈하는 것도 중요하다.

예부터 "마음은 형태를 필요로 하고 형태는 마음을 나아가게 한다"라고 했다. 나의 마음가짐이 올바르면 나의 태도나 행동거지가 올바르게 되고, 나의 태도나 행동거지가 올바르면 나의 마음도 올바르게 된다.

몸과 마음이 함께 우리의 생활을 올바르게 이끈다. 마음가짐이 올바르면 난폭한 말을 하거나 변변찮은 몰골을 해도 괜찮다는 건 궤변에 불과하다.

석가의 제자가 되어 불교 교단의 일원이 된 사람은 외면을 올바르게 하는 수단으로서 오계(五戒)를 지킨다. 오계는 출가자나 재가자를 불문하고 일상생활에서 실천해야 할 기본적 규칙이다. 이에 더하여, 비구는 이백이십칠 계를, 비구니는 삼백십일 계를 지켜야 한다.

오계는 살아 있는 것을 죽이지 말고, 도둑질하지 말고, 비윤리적인 성행위를 하지 않고, 거짓말을 하지 않고, 술을 마시지 않는 다섯 가지이다. 지금까지도 동남아시아 불교도는 이것을 문자 그대로 엄격하게 지키고 있다. 그 외의 불교 국가들은 어떠한가? "모기나 파리, 바퀴벌레, 구더기 같은 해충도 죽이면 안 되는가?" "가장 사랑하는 사람이 암에 걸렸을 때 그 사실을 본인에게 알려야 하는가?" 하는 미묘한 문제에 봉착하면 '상황에 따라 어느 정도 계율을 어겨도 어쩔 수 없는 것 아닌가' 하는 사고방식이 생기고 있다. 무엇을 하더라도 그것을 하는 사람의 마음만 올바르다면 괜찮다는 대승무계(大乘無戒, 대승불교는 계율보다 마음가짐을 더 중시한다)가 통용되었다.

계율이란 계와 율로 이루어져 있다. 산스크리트어로 계를 '실라(śīla)'라고 하고, 율을 '비나야(vinaya)'라고 한다. 계는 스스로 자진해서 지키는 자율적 규범이고, 율은 단체의 규칙이나 법률과 같이 교단 당사자들이 함께 정한 약속으로서 타율적인 규범이다. 즉, 계는 "이것만은 내가 지킨다"라고 스스로 다짐하고 실행하는 것이다. 율은 "이것만은 지키세요"라고 명령받아 실천하는 것이다. 계와 율 모두 자기 본분을 벗어나기 쉬운 인간에게 "이 이상 제멋대로 하면 안 됩니다"라며 경고하는 것이다. 사고를 방지하고 위험신호를 보내는 것이다. 애초에 문제가 될 만한 행동을 하지 않는 사람에게는 필요 없겠지만, 행동을 조심해야 하는 사람에게는 매우 유용하다.

86편
몸도 마음도 잠깐 빌린 것이다

> 세상 그 어떤 것도 내 것은 없다.
> 모든 것이 그저 인연에 의해 나에게 모인 것에 지나지 않으며,
> 그저 빌린 것일 뿐이다.

『법구비유경(法句譬喩經)』

우리는 보통 내 몸은 내 소유물이라고 생각한다. 그리고 자기 마음대로 할 수 있다고 생각한다. 그러나 사실 그렇지 않다. 몸에 상처가 나서 피가 날 때 "피야, 내 거니까 멈춰라"라고 애원해도 피는 제멋대로 흐른다. 괴로운 일에 들볶일 때 "신경아, 너는 어쩜 이리도 나를 괴롭히느냐. 너는 나의 소유물이니 나를 괴롭히지 마라"라고 억지로 힘을 준다고 해서 번뇌가 없어지지 않는다.

자신의 의지로 그런 것을 자유롭게 제어할 수 있다면, 의사, 신, 부처의 힘을 빌릴 필요가 없을 것이다. 인간 스스로를 비롯해 세상 모든 것 중에 '나의 것'이라고 할 수 있는 것은 없다. 모두 우주 자연의 일부분이다. 우리는 그것을 잠깐 빌려 쓰고 있을 뿐이다.

인간만이 "이것은 나의 소유물이다"라고 주장한다. '나의 것'과 '남의 것'을 구별하고 소유권 분쟁을 거듭하고 있다. 석가는 이것을 인간의 어리석은 아집이 만든 카르마라고 갈파한다. 그리고 그것에 휘둘리지 않는 길을 제시하고 있다.

석가는 다음과 같이 말한다.

"친구들이여, 내가 '내가 있다'라고 말하는 것은 이 육신이 나라고 말하는 것이 아니다. 또한 나의 감각이나 의식을 가리키는 것도 아니다. 혹은 그것을 벗어나서 별도의 내가 있다고 말하는 것도 아니다.

친구들이여, 그것은 꽃의 향기와 같은 것이다. 어떤 사람이 꽃잎에 향기가 있다고 하면 올바른 것인가? 꽃줄기에 향기가 있다고 하면 올바른 것인가? 혹은 꽃술에 향기가 있다고 하면 올바른 것인가? 꽃에 향기가 있다고 말하는 것이 옳다.

그와 마찬가지로 육체, 감각, 의식이 나라고 말하는 것은 옳지 않다. 또는 이것들에 벗어난 곳에 나의 본질이 있다고 말하는 것도 옳지 않다. '나'라는 구성체를 두고 '내가 있다'라고 말하는 것이다."

여기서 석가가 말하고자 하는 것은, '나'라는 것에는 실체가 없고, 다만 개체를 구성하는 것을 총칭하는 것에 지나지 않는다는 점이다. 즉, 인간이라는 존재는 모두 무아이고, 무상하며, 공(空)이라는 점이다.

이러한 관점에서 보면, 자신의 몸도 소지품도 직함, 지위, 이름도 인연에 따라 잠시 나에게 모인 대여품이다. 그것을 나의 소유물이라고 주장하는 것은 너무 지나치다.

제5장

정신과 자세를 다듬다

87편
죽음은 엄숙한 사실이다

> 살아 있는 모든 것은 반드시 죽는다.
> 이 세상에 그 누구와도 비교할 수 없는 스승,
> 위대한 여래이자 정각자*도 떠나가셨다.
>
> 『대승열반경(大乘涅槃經)』

석가가 여든 고령이 되었을 때였다. 바이샬리로 탁발을 하러 간 석가는 근처 언덕에 올라 곁에 있던 제자 아난다에게 말했다. "이 도시를 보는 것이 이번이 마지막일지도 모르겠다." 하지만 아난다는 그럴 리 없다고 생각했다. 어느새 석가와 제자들은 파바에 도착하여 망고나무가 무성한 숲에 다다랐다. 석

---

* 올바른 깨달음을 얻으신 분.

가는 이곳에서 대장장이의 아들 쭌다가 준 공양물을 먹은 후 식중독에 걸렸다.

병든 몸으로 제자들과 함께 쿠시나가라에 다다른 석가가 말했다. "아난다여, 피곤하구나. 옆으로 눕고 싶다. 사라쌍수 아래에 침상을 마련해 주면 좋겠구나." 석가는 제자들의 도움으로 머리를 북쪽으로 두고 옆으로 누웠다. 아마 인생의 마지막을 자신이 태어난 고향인 까뻴라바스뚜에서 마감하고 싶었던 것 같다. 쿠시나가라는 그곳으로 가는 길목이다.

아난다는 스승의 죽음이 가까워진 것을 알고, 몰래 자리를 빠져나와 "아, 아직 배울 것이 많은데 나를 떠나시는 건가"라며 하염없이 눈물을 흘렸다. 석가는 아난다가 옆에 없는 것을 알아차리고, 아난다를 병상에 불러 다음과 같이 말했다.

"아난다여, 슬퍼하지 마라. 울지 말아라. 내가 늘 가르치지 않았는가. 사랑하는 모든 사람과 언젠가 이별하지 않으면 안 된다는 것을. 태어난 모든 것은 소멸하게 되어 있다. 아난다여, 오랜 세월 나를 보살펴 주어 정말 고맙구나. 더욱 정진하여 목적한 바를 이루거라.

아난다여, 너희들 중에는 이렇게 생각하는 사람도 있을지 모르겠다. '우리 스승의 가르침은 끝났다. 우리 스승도 이제 없다'라고. 하지만 아난다여, 그건 잘못된 생각이다. 나의 육신은 여기서 끝나지만, 나의 가르침은 영원히 살아 있을 것이다. 나의 육신을 보는 자가 나를 보는 자가 아니라 나의 가르침을 아는 자가 나를 보는 자이다. 내가 죽은 후에는 내가 남긴 가르침과 계율이 그대의 스승이다. 그것을 지켜 그대의 스승으로 삼아라."

제자들의 엄숙한 침묵 속에서 석가는 다시 말했다.

"제자들이여, 나는 그대들에게 말하고자 한다. 이 세상 모든 것은 무상(無常)하다. 열심히 정진하라. 이것이 나의 마지막 가르침이다."

그리고 석가는 조용히 눈을 감았다. 2월 15일 밤이었다고 한다. 사라쌍수에 때아닌 꽃이 피고, 전단향이 가득한, "아련하지만 아름답고 향기로운" 풍광이었다고 한다.

소식을 들은 많은 제자들과 근처에 있던 사람들이 달려와 칠 일간 장례를 치른 후 근처 천관사에서 화장을 하고, 유골을 여덟으로 나누어 여러 나라에 분배했다. 화장했던 장소에는 라마바르 탑이 세워져 있다.

88편
결말은 마음가짐에 따라 달라진다

> 궁극적인 깨달음에 도달하여,
> 두려움 없이, 의심 없이, 후회로 번민하지 않는 사람은
> 생사윤회를 끝낼 수 있는 사람이다.
> 이번 육신이 그의 마지막 육신이 될 것이다.
>
> 『석가자설경(釋迦自說經)』

의사가 불치병에 걸린 환자에게 "당신은 암에 걸렸습니다"라고 사실대로 말해 주는 것이 좋은지에 대해서는 찬반이 갈린다. 이 문제는 환자에 따라 달리 대처해야 할 것이다. 어떤 사람은 사실을 알고 마음가짐을 새롭게 하여 충실하게 여생을 보낸다. 반면 어떤 사람은 안절부절하고 반쯤 미치광이 상태에 빠지기도 한다. 매일매일 야위어 가고 고통이 늘어가며 시

시각각 죽음에 다가가고 있는 환자에게 "당신의 여생이 오래 남지 않았습니다. 편안하게 가십시오"라고 말해서는 안 될 것이다. 병이 악화되고 있는 환자에게도 숨이 끝나는 순간까지 "나아질 테니 기운 내세요"라고 용기를 주고 격려하는 것이 인자한 의사의 역할일 것이다. 감사하는 마음을 가지고 편안하게 마지막 숨을 거두는 환자를 지켜보는 것이 의사로서 느낄 수 있는 행복이 아닐까?

석가가 입적한 2월 15일을 기념하여 전국 사원에서는 열반회(涅槃會)를 거행하고 열반도를 건다. 열반도는 석가의 사리를 둘러싼 많은 제자와 동물이 슬피 우는 장면을 그린 그림이다. 석가가 생전에 '생자필멸(生者必滅)'의 이치를 설하고 헤어지는 것을 슬퍼하지 말라고 제자들에게 말했지만, 울지 않을 수 없는 것이 인간의 정일 것이다.

세상에는 천수를 다 누리고 죽는 사람만 있는 것이 아니다. 병사, 사고사, 옥사 등으로 갑자기 생을 마감하는 사람도 있다. 아래에 소개하는 것은 전후(戰後) 군사재판에 넘겨져 최초로 형장의 이슬로 사라진 어느 중사와 그의 사형집행을 지켜본 사람의 대화이다.

우리는 잠시 뒤 형장 입구에 들어섰다. 건물의 일 층은 불당이었다. 그곳에는 안내병도 헌병도 없었다. 스콧 중사와 나, 우리

둘만 함께 안으로 들어갔다. 내가 불상 앞에서 준비를 하고 있는 사이 스콧 중사는 초에 불을 붙여 주었다. 나는 향 세 개를 건네주면서 "두 개는 아버지와 어머니 몫, 하나는 당신 몫입니다"라고 설명하였다. 그는 조용히 끄덕이고서 하나하나 불상 앞에 향을 살랐다. 나는 불상 앞에 공양한 컵을 들어 물을 한 모금 마신 후 그에게 건네주었다. 마지막 물잔이었다. 그리고 불상 앞에 있는 미국산 비스킷을 먹게 하자 그는 한 번 더 물을 마셨다. 마지막으로 불상 앞에 서서 "저는 죽지 않습니다. 저는 죽지 않습니다. 부처가 되는 것입니다. 부처가 되는 것입니다"라고 외쳤다. 여태껏 울지 않던 그는 복받쳐 울었다.

나는 그와 악수하면서 "염주는 가져가세요"라고 말했다. 따뜻한 손이었다.

"신세 많이 졌습니다. 잘 지내세요." 이 두 마디를 남기고 그는 문 너머 옆 방으로 갔다. 그것이 그의 마지막이었다.

다소 구구절절하게 영원한 이별이라고 할 수 있는, 엄숙한 장면을 인용하였다. 현대인 중에는 최후의 이별을 경험하는 경우가 드물다. 대부분 가장 사랑하는 사람 곁이 아니라 홀로 쓸쓸히 세상을 떠난다.

아무리 의학이 발달하고 수명이 연장되었다고 해도, 인간이 언젠가 죽는다는 사실은 변하지 않는다. 예전에는 오십 인생이라고 했지만, 요즘은 백 세 인생이라고 말하는 시대가 되었다. 그럼에도 우리 모두 죽는다는 것은 확실하다. 남이 죽을 때는 냉정하게 지켜볼 수 있지만, 나의 죽음이 임박하면 차분해지기 어렵다. 그럴 때는 편안하게 죽고 싶다고 바라게 된다. 내세를 믿고 자신의 최후를 지켜보는 사람들에게 태연자약하게 "신세 많이 졌습니다" 하고 감사 인사하며 침착하게 죽음의 여행을 떠날 수 있는 사람은 행복할 것이다.

89편
처음도 끝도 중요하다

> 처음도 선하게, 중간도 선하게, 끝도 선하게.
>
> 『율장(律藏)』「대품(大品)」

고령화 사회를 넘어 초고령화 사회가 도래하였다. 되도록 아름답게 늙는 방법을 고민하는 시대이다. 모두 언젠가 늙는다. 체력과 기억력이 쇠퇴하고, 할 수 있는 일은 줄어든다. 외모가 추해지는 것도 받아들여야 한다. 하지만 나이가 들면서 지혜가 원숙해지고 지난날의 여러 경험을 통해 품위가 높아지는 것도 사실이다.

석가는 당시 인도 사회에서 보기 드문 팔십이라는 고령으로 숨을 거두었다. 마지막까지 몸과 마음을 끊임없이 움직이며 지내다가 편안한 죽음을 맞이하였다.

늘 자신이 해야 할 일에 사명감을 지니고 목적을 향해 정진하는 사람에게 죽음은 공포나 두려움이 아니다. 열심히 살다가 힘과 능력이 다 떨어졌을 때, '아, 이제 죽음이 다가왔구나' 하고 느끼며 받아들이는 현상일 뿐이다.

구십삼 세의 어느 선사는 정정하게 중국 선(禪)불교의 고전 『경덕전등록』 사십 권과 고승 신란(親鸞)의 대저 『교행신증』의 영문 번역에 전념했다. 그러다 어느 날 "나는 저승사자랑 대결 중이구나"라며 파안대소하기도 했다. 몇 년 후 훌륭히 번역을 끝낸 후 세상을 떠났다.

언젠가 나는 작은 공방에서 일하는 노인에게서 일에 대한 열정과 평온하고 멋진 죽음을 엿보았다. 평범한 사람은 따라 하기도 벅찬 일이다. 그래도 누구나 한 가지 정도는 "이것만은 내가 해냈다" 하는 삶의 흔적을 남기고 싶을 것이다.

어느 대기업 입사 면접에서 "부모를 소중히 생각하십니까?"라는 질문이 있었다고 한다. 부모에게 효도하는 방법을 설하는 『부모은중경』이라는 경전이 있다. 이것은 중국에서 작성된 경전으로 추측된다. 여기에는 "아, 부모님은 나를 낳고 키우느라 고생하신다. 이 은혜에 보답하는 길은 끝이 없어서 다 보답하기 어렵다"라는 구절이 있다. 진정한 부모는 보답을 생각지 않으며 희생하면서까지 자식을 기른다. 그 은혜에 보답하기 위해 효도와 봉양을 다해야 한다. 하지만 대부분 자식은 성인이 되고 결혼하면 멀리 떨어지게 된다. 그래서 다음과 같은 가르침을 설하고 있다.

"부모가 나이가 들고 노쇠해지면 기댈 곳은 아들뿐이고, 믿을 곳은 며느리뿐이다. 그러니 아침저녁으로 안부 인사를 드리는 것을 감내하라. 또는 아버지가 어머니를 먼저 보내거나 어머니가 아버지를 먼저 보내고 홀로 빈방을 지키는 것은 여행 중 홀로 잠을 청하는 것과 같다. 애정을 느끼지 못하고 담소를 즐길 수도 없다. 이부자리는 차갑고 몸은 평안치 않다. 새벽까지 잠들지 못하고 쓸쓸함을 느낀다. 아버지 어깨를, 어머니 허리를 주물러 드리겠다고 말씀드려라. 부모는 그 말을 듣고 기쁜 눈물을 흘릴 것이다."

부모의 기분을 헤아리고 잘 보살펴 드려야 한다는 것을 구구절절하게 말하고 있다. 가장 사랑하는 자식에게 보살핌을 받는 와중에 세상과 작별할 수 있는 부모는 행복할 것이다.

하지만 현실은 어떠한가? 자식이 부모를 능멸하는 사건이 연일 귀에 들어오고 눈에 들어온다. 마음이 아픈 현실이다.

90편
절제할 때라는 건 없다

> 자신을 다스리고 항상 절제하라.
> 자신을 극복하는 것이
> 다른 모든 사람을 이기는 것보다 더 뛰어나다.

『법구경(法句經)』 104

앞만 보고 나아가는 자는 매우 용맹스럽게 보인다. 심지어 어디를 가든 승리하고, 적군을 뿔뿔이 흩어지게 만든다면 그 당당함에 누구든 기세가 눌릴 것이다. 하지만 남을 정복한 기쁨에 취해 거만해지면, 나중에 의외의 보복을 당할 수 있다.

2차 세계대전 중 일본군은 처음에 동남아시아와 중국, 남태평양의 여러 지역으로 점령지를 확대하였다. 전방의 군대도, 후방의 국민도 승리에 취해 파죽지세로 앞으로 나아갔다. 그러나 이것이 도리어 함정이 되어, 나중에는 보급로가 차단되고 참패를 경험하였던 것이 기억에 생생하다. 마치 사다리를 타고 하늘처럼 높이 올라갔는데 사다리를 빼앗기고 추락한 것과 비슷하다.

옛날에 인도 카슈미르 지방에 석가의 가르침을 설한 고승이 있었다. 그는 파르티아 지방에서 온 어느 남자를 제자로 두고 있었다. 그는 스승 아래에서 열심히 수행하여 오신통(五神通)이라는 능력을 전수받았다. 이 다섯 가지 신통력은 보통 사람에게는 보이지 않는 것을 보는 천안통(天眼通), 보통 사람에게는 들리지 않는 음성을 듣는 천이통(天耳通), 다른 사람의 마음을 읽을 수 있는 타심통(他心通), 과거의 일을 아는 숙명통(宿命通), 어디든 날아갈 수 있는 신족통(神足通)이다.

고승은 제자가 능력을 얻은 후 자만하거나 악용하는 것을 걱정했다. 아니나 다를까 그는 스승의 훈계에 반발하고, '스승님은 나의 뛰어난 재능을 시샘하여 그렇게 말하는 것이다'라고 생각하며 스승을 떠났다.

그는 신통력을 사용하여 고향으로 돌아갔다. 그곳의 왕에게 가서 득의양양하게 능력을 발휘하고, 주위 사람들을 놀라게 하였다. 그는 그곳에서 극진한 대접을 받았다. 그 후 점점 자만심이 고개를 들기 시작하였다. 하고 싶은 것이 다 이루어진다는 자부심이 생기고, 수행자라는 사실도 망각하고 애욕에 빠졌다. 결국 어떤 여성과 눈이 맞아 아이까지 얻게 되었다. 그 소문을 신하에게 전해 들은 왕은 처음에는 믿지 않았다. 하지만 조사해 보고 그것이 사실로 판명이 나자 불같이 화를 내고 그를 성 밖으로 쫓아냈다. 게다가 이후에도 여러 악행이 드러나 그 누구도 그를 상대하지 않게 되었다. 결국 그는 음식을 구걸하러 나가야 할 정도로 추락해 버렸다.

그 모습을 천안통으로 바라보고 있던 카슈미르의 고승은 신족통을 발휘해 신속히 그가 있는 곳으로 날아갔다. 그리고 숙명통으로 그의 과거 행동들을 짚어가며 그를 훈계했다. 그는 마음 깊이 자신의 죄를 뉘우치고 기초부터 다시 수행하기 시작했다.

약간의 재능, 재산, 지위, 명성이 있으면, 그것들에 얽매이게 된다. 노력을 잊고 방심하는 것이다. 그런 때야말로 "일이 순조로워도 거기에 취하지 말고 역경이 닥쳐도 좌절하지 않아야" 한다. 조금의 실력이라도 갈고닦는 것을 게을리하지 말아야 한다.

91편
선한 마음이 선한 표정을 만든다

> 스스로를 다스려라.
> 스스로 되돌아보라.
> 자기 자신을 지키고 깊이 생각하는 자는 평온하게 살 수 있다.

『법구경(法句經)』 379

어느 직장인이 신년 모임에서 선배에게 "너 표정이 그게 뭐야!"라며 심한 꾸지람을 들었다고 한다. 딱히 나쁜 행동을 한 것도 아닌데 얼굴 때문에 꾸지람을 들었으니 그도 정말 놀랐을 것이다. 그의 선배는 인간의 내면을 드러내는 표정을 매우 중요하게 생각하는 사람이었다. 그래서 선배의 꾸지람을 애정의 표현으로 받아들이고 조금이나마 "최근 얼굴이 좋아졌네요"라는 이야기를 들을 수 있도록 온화한 표정을 짓고자 노력했다고 한다.

불교 설화집 『잡보장경』에 라디라는 공주의 일화가 기록되어 있다. 그녀는 쁘라세나짓왕의 딸로서 용모가 입에 담기 어려울 정도로 추했다. 사람들이 무서워하여 누구 하나 그녀에게 다가가는 사람이 없을 정도였다.

부왕은 난감해하며 그녀를 성안에 가두어 두고 한 발짝도 밖에 나가지 못하게 했다. 신하들에게도 그녀에 대해 말하지 않았다. 그리고 신하 중 어느 독신남에게 왕명으로 그녀와 결혼하게 하고 따로 궁을 마련해 주었다. 그리고 그녀를 다른 사람에게 보여 주지 말 것, 성 밖에 홀로 외출할 때는 반드시 문을 잠글 것, 안에 있을 때도 창문을 잠그는 것을 잊지 말 것을 맹세하게 했다.

라디의 남편이 성 밖 연회에 항상 혼자 오는 것을 이상하게 여긴 사람들은 배우자를 동반하지 않은 사람에게 벌을 주자고 했다. 그럼에도 라디의 남편은 홀로 연회에 출석하여 부당한 대우를 받았다. 어느 날 거듭하여 벌을 받고 귀가한 남편의 몸을 살펴본 그녀는 남편이 연회 일로 외출하면 방에 들어가 한결같이 염불하였다. 그러자 그 진심이 부처에게 통했는지 그녀의 전신에 광명이 넘쳐흐르더니 천녀(天女)와 같이 아름다운 왕녀로 변하였다.

연회에 참가한 사람들은 "저 사람이 부인을 동반하지 않는

데에는 깊은 사연이 있다. 왕녀가 너무나 추해서 사람들 앞에 나올 수 없거나 아니면 너무나 미인일 것이다. 한 번 시험 삼아 그를 취하게 만든 다음 틈을 타 열쇠를 몰래 빼낸 후, 그의 거처에 들어가서 확인해 보자"하고 그 계획을 실행하였다.

그들이 라디의 집에 도착했을 때 그곳에는 너무나도 아름다운 미인이 있었다. 모두 탄복한 후 연회장으로 돌아왔다. 술에 깨서 돌아온 남편은 부인이 아름다운 미인으로 변한 모습을 보고 깜짝 놀라서 장인과 함께 석가가 있는 곳으로 갔다. 그리고 라디의 모습이 변한 연유를 물었다. 석가는 "왕녀가 마음을 다하여 염불했기 때문입니다"라고 답했다.

"얼굴은 마음의 창"이라고 하듯이, 아름답고 깨끗한 마음을 가진 자는 언젠가 그것이 얼굴에 드러난다. 또한 "사람이 불혹의 나이를 지나면 자신의 얼굴에 책임을 져야 한다"라고도 말한다. 부모에게 받은 얼굴 모양에 대해 왈가왈부하는 것이 아니다. 열심히 자기 일에 전념하다 보면 그에 합당한 얼굴이 된다는 것이다. 인상이 변하지 않는다면 일하는 방식 어딘가가 문제가 있다는 증거이다.

오랜 시간 지니고 있던 마음가짐이나 일을 대하는 방식은 그 사람의 인상까지 변하게 할 수 있다.

92편
봉사하는 마음이 세상을 바꾼다

> 자신을 등불로 삼고,
>
> 자신을 귀의처로 삼고,
>
> 다른 것은 귀의처로 삼지 말라.
>
> 가르침을 등불로 삼고,
>
> 가르침을 귀의처로 삼고,
>
> 다른 것은 귀의처로 삼지 말고 살아가라.

『장부경전(長部經田)』

현대 국가의 복지는 세세한 곳까지 행해진다. 그 때문인지 땀을 흘려 일하는 것보다 놀며 지내는 쪽이 더 좋다고 생각하는 사람이 늘어나고 있는 것 같다. 이렇게 되면 일하는 즐거움이 사라지고 생활에 필요한 최소한만 일한다는 무기력한 인간이 많아지게 된다. 그러면 생산력이 저하되고 나라 전체가 사양화(斜陽化)될 수밖에 없다. 선진국이나 사회주의국가에서도 국민의 노동 의욕이 감퇴하고 실업자는 증가하며 적자재정에 허덕이고 있다.

'일하다'에 해당하는 영어 단어는 '워크(work)' 혹은 '레이버(labor)'이다. 이 단어는 금품을 얻는 것을 대가로 고통을 견디며 타율적으로 일하는 것을 의미한다. '부지런히 일한다(industry)'는 것과 다른 의미이다.

석가는 생전 기회가 있을 때마다 "게으름은 죽음으로 가는 길이다"라고 설하였다. 임종 직전 마지막 말도 "게으름 피우지 말고 정진해야 한다"라는 것이었다. 후세 부처의 제자들도 이 말을 체화하여 늘 자신을 연마하는 수행에 매진하고 있다. 선승 스즈키 쇼산(鈴木正三)도 "모든 일은 깨달음으로 나아가기 마련이다. 모든 행동에서 성불이 가능하다. 깨달음으로 나아가지 않는 행동은 없다. 모든 행동이 세계를 위한 행동이란 것을 알아야 한다"라고 했다. 불도수행(佛道修行)은 이타행(利他行)이다. 나의 맡은 일은 깨달음으로 나아가는 것이며, 타인과 세상을 위해 끝까지 해내야 하는 것이다.

원래 '일'이라는 것은 '주변 사람을 기쁘게 하는' 것이다. 자신이 즐거운 것이 아니다. 초는 자신을 태워 주변을 비춘다. 모든 인간은 각자 나름의 개성을 발휘하여 서로 돕는 사회를 만들어 가고 있다. 다른 이의 봉사와 희생으로 살아간다는 것을 안다면, 혼자만 좋은 것을 독차지하고 게으르게 있을 수 없다.

내가 어떤 능력을 발휘하여 사회에 이바지할 수 있을 것인지 자문자답해 볼 필요가 있다. 몸으로 도울 수 없는 사람은 재산으로, 재산이 없는 사람은 기술로, 기술이 없는 사람은 지혜로, 지혜가 없는 사람은 미소로, 미소가 없는 사람은 바른 마음가짐으로 주변을 밝게 만들고 사회에 봉사할 수 있지 않을까?

93편

보석을 진척에 두고 못 알아차린다

> 숟가락은 국그릇에 빠져 있어도 그 맛을 모른다.
>
> 『법구경(法句經)』 64

아무리 훌륭한 사람 곁에 있어도 그 사람의 좋은 점을 올바로 평가할 수 없다면 "개 발에 편자"나 다름없다. 보석을 가지고 썩히는 꼴이다. 마치 그릇 옆에 놓인 숟가락이 요리를 담아 옮기면서도 숟가락 자신은 그 맛을 모르는 것과 같다.

석가의 직제자인 아난다는 이십오 년간 스승을 모시며 열심히 그의 설법을 듣고 그의 가르침을 기억했다. 그럼에도 깨달음을 얻은 것은 다른 제자보다 늦었다. 그는 스승이 돌아가신 후에 깨달았다고 한다.

석가가 입적한 직후 그가 남긴 가르침이 흩어져 없어지는 것을 걱정한 직제자 마하까샤빠 장로가 자신을 비롯한 제자 사백구십구 명을 모으고 라자그리하에서 '제1 결집'이라고 불리는 경전 편집 회의를 열었다. 그때 제자들은 마하깟사빠에게 "아난다는 아직 깨달음에 이르지는 못했지만, 그는 스승의 가르침을 누구보다도 가까이서 들었고 기억력도 뛰어납니다. 그도 반드시 결집에 참가시켜야 합니다"라고 말했다. 결집에 참여하게 된 아난다는 너무나 기뻐서 회의 전후에 좀처럼 잠을 이룰 수 없었다. 그러다 한밤중에 침상에서 옆으로 누웠을 때 갑자기 깨달음을 얻었다.

  결집 당일, 마하까샤빠는 아난다에게 말했다. "아난다여, 당신에게는 다섯 죄가 있습니다. 그것을 먼저 모든 이들이 있는 앞에서 참회해야 합니다. 다섯은 다음과 같습니다. 먼저, 스승께서 돌아가실 때, '세세한 계율은 지키지 않아도 된다'라고 하셨습니다. 당신은 그 세세한 계율이 무엇인지 스승께 묻고 밝히지 않은 죄가 있습니다. 둘째, 이전에 스승의 옷을 수선할 때 그의 옷을 발로 밟고 꿰맨 죄가 있습니다. 셋째, 스승의 유골을 여성들이 먼저 배례(拜禮)하게 하여 그들의 눈물로 유골을 적신 죄가 있습니다. 넷째, 스승이 돌아가실 때, 더 오래 이 세상에 머물면서 우리를 인도해 달라고 애원하지 않은 죄가 있습니다. 마지막으로, 여성의 출가를 스승께 간청하여, 천 년 동안 이어져야 했을 우리의 가르침을 오백 년으로 단축한 죄가 있습니다. 이것이 다섯입니다."

아난다가 이 죄를 솔직하게 인정하고 참회한 후, 결집이 시작되었다. 그는 하나하나 짚으면서, 해당 경(經)을 스승께서 언제 어디서 어떤 연유로 누구를 위해서 설했는지 읊어 나갔다. 그러면 참가한 다른 제자가 확인해 주는 방법으로 작업이 진행되었다. 그 후 교단의 규율에 대해서는 제자 우빨리가 읊고 다른 이가 확인해 주면서, 각 계율이 어디에서 누구를 위해서 어떤 연유로 제정되었는지 합의하였다. 이 항목들이 후에 명문화되어 이런저런 경장과 율장으로 집대성되었다. 후세 학승이 그것을 주석한『논장』과 함께 경(經), 율(律), 논(論)을 모아『삼장(三藏)』이라고 부른다. 총칭하여『대장경』이라고도 부르는 이것이 불교 경전으로서 오늘날까지 전승되고 있다.

94편

실천만큼 강력한 것은 없다

나는 그저 도(道)를 가르칠 뿐이다.

『중부경전(中部經典)』

석가가 입적하여 그의 모습이나 음성을 직접 접할 수 없게 된 후세의 불제자들은 그의 위대한 덕을 상징하는 보리수, 발자국, 법륜, 불상 등을 통해 스승과 만나고자 하였다. 차츰 이것들이 구상화(具象化)된 물건을 귀의의 대상으로 삼고 절하게 되었다. 하지만 그 물건들에 신비적인 힘이 깃들어 있다고 생각한 것은 아니었다.

그러니 불교도가 불상을 숭배하는 모습을 보고 우상숭배라고 간주하는 것은 옳지 않다. 불교도의 태도를 보여 주는 단적인 예로, 중국의 선승 단하(丹霞)가 낙양의 혜림사에 갔을 때, 너무 추워서 장작 대신 불전에 모신 나무 불상을 태워 따뜻하게 했다는 고사가 있을 정도다.

어느 날 석가가 죽림정사 동쪽 공원에 체류하고 있을 때였다. 가나까 목갈라나라는 브라만이 석가를 방문하였다. 그는 논리학자답게 석가에게 가르침을 논리적으로 설명해 달라고 부탁하였다. 그는 석가가 절절하게 가르침을 설명하자, "그럼 당신의 제자는 모두 그것을 통해 궁극적인 목적인 깨달음의 경지에 이르렀습니까?"라고 물었다. 석가는 "브라만이여, 어떤 제자는 이르렀고, 어떤 제자는 이르지 못했습니다"라고 답했다. "그건 왜 그런 겁니까?"라고 추궁하자 석가는 다음과 같이 대답하였다.

"브라만이여, 당신은 라자그리하로 가는 길을 알고 있을 것입니다. 어떤 사람이 당신에게 라자그리하로 가는 길을 물었다고 해 봅시다. 당신이 '이것이 그곳에 가는 길입니다'라며 가는 길을 잘 설명하면 그 사람이 무조건 라자그리하에 도달합니까? 마찬가지로 깨달음의 경지는 분명히 존재하고 나는 제자들에게 그 목적지를 보여 줍니다. 어떤 제자는 그곳에 도달하고 어떤 제자는 도달하지 못할 수도 있습니다. 브라만이여, 저는 그저 도를 가르칠 뿐입니다." 브라만은 석가의 설명을 이해했다고 한다.

예부터 "마부는 물 마시는 장소까지 말을 끌고 갈 수는 있지만, 물을 마실지 말지는 말 자신이 결정한다"라고 했다. 석가는 자신이 깨달은 것을 사람들에게 가르쳐 줄 수는 있지만, 그들이 그와 같은 깨달음을 얻을 수 있을지 없을지는 본인의 노력 여하에 달려 있음을 설명했다.

『무문관』에 "백척간두(百尺竿頭)에서 한 발을 더 내디뎌, 시방 세계에 전신을 드러내야 한다"라고 했다. 자신이 백 척이나 되는 장대 위에서 한 발 더 내디디는 체험을 직접 하지 않는 한 깨달음이 무엇인지 결코 이해할 수 없다.

안타깝게도 석가의 가르침이나 유산을 금과옥조(金科玉條)와 같이 받들면서도 직접 체험하는 사람은 매우 적은 것 같다. 이래서는 석가의 진정한 의도를 이해했다고 할 수 없다.

프랜시스 베이컨은 "약삭빠른 사람은 학문을 경멸하고, 어리석은 사람은 그것을 숭배하며, 현명한 사람만이 그것을 활용한다"라고 했다. 여기서 '학문'이라는 두 글자를 '불교'로 바꾸어도 될 것 같다.

95편
선악의 구별은 엄격하다

> 심오한 지식을 지니고 지혜로우며
> 도(道)가 되는 것과 도가 되지 않는 것을 구분하고
> 깨달음에 이를 수 있는 자,
> 우리는 이런 자를 브라만이라고 부른다.
>
> 『법구경(法句經)』 403

여기서 '도(道)'는 선한 것이고, '도가 아닌 것'은 악한 것이다. 선악을 확실하게 구별하여 전자를 따르고 후자를 피하는 삶을 사는 자가 진정 존경받을 만한 사람(브라만)이라고 한다.

  선악의 기준이 모호해지고 있다. 번번이 법률을 위반하면서도 다른 사람에게 들키지 않으면 괜찮다고 생각하는 사람이 많다. 금지된 일을 하면서도 태연하고 사람들로부터 규탄

받아도 양심의 가책을 느끼지 않는다. 이러한 무법천지 시대에야말로 선악의 가치와 기준을 명확하게 하고 정직한 사람이 손해를 보지 않는 사회를 만들어야 한다.

예를 들어 '거짓말은 어떤 경우에도 나쁘다'는 것을 철저하게 주지시킬 필요가 있다. 거짓말을 한 번도 하지 않는 것은 쉽지 않다. 그렇다고 처음부터 이 규칙을 내팽개치고 "거짓도 하나의 방법"이라고 둘러대며 태연하게 거짓말하기 시작하면 누구도 믿을 수 없는 세상이 되고 만다. '상황논리'라는 말로 당사자들끼리 선악을 판단하는 경우도 있다. 하지만 시간과 장소를 떠나서 '거짓말은 나쁘다'는, 인간으로서 따라야 할 가치 기준이 엄연히 존재한다는 것을 알고 있어야 한다.

어느 소설가는 아들이 어렸을 때 세 가지 약속을 지키게 했다고 한다. 첫째는 성인이 되기 전에는 절대 거짓말을 하지 않는 것이었다. 둘째는 장애인을 업신여기지 않는 것이었다. 셋째는 타인이 싫어하는 것을 절대 하지 않는 것이었다. 온 가족이 이 약속을 지키기 위해 노력하고, 누군가가 이것을 어기면 타일렀다고 한다.

요즘 어린이들이 버릇이 없다면서 그 책임을 부모나 학교 선생이 서로에게 미루고 있다. 아이들은 응석을 제일 잘 받아 주는 사람에게 응석을 부리고 싶어 한다. 응석을 받아 주기만 해서는 훌륭한 아이로 자랄 수 없다.

비행청소년에 대해 한 경찰관은 다음과 같이 말했다. "나쁜 아이는 없습니다. 아이를 대하는 부모의 태도가 모호할 때, 아이들은 당혹감을 느낍니다. 그러면 자신의 말을 들어주는 사람이나 비슷한 고민을 지닌 사람에게 의지하게 됩니다. 그러면서 아이들은 한곳에 모이게 되고, 잘못된 방향으로 가게 됩니다. 아이들이 소위 나쁜 길로 빠지는 것은 부모와 일상생활에서 문제가 있기 때문입니다. 아이들을 옳은 길로 인도하는 것은 부모가 일상생활에서 해야 할 일입니다. 아이들 앞에서 갈팡질팡하거나 애매모호한 태도를 취해서는 안 됩니다."

부모가 타락한 생활을 한다면, 아이를 잘 보살피겠다는 다짐만으로는 불가능하다. 부모는 평소 자식에게 모범적인 모습을 보여 주어야 한다. 흔들리지 않는 선악 기준을 세우고 의연하게 실행해 나가야만 한다.

96편

올바른 목표 설정이 필요하다

> 갈대 잎을 잘못 쥐면 손을 다친다.
> 그와 같이 잘못된 구도는 사람을 파멸로 이끈다.
>
> 『법구경(法句經)』 311

완전한 암흑 속에 던져진다면 어떨까? 홀로 하루나 이틀만 어두운 세계 속에 있어도 모든 희망이 사라지고 비탄에 빠져 미쳐 버릴 것이다. 혹은 손으로 더듬으며, 빛 한줄기에 의지해, 밝은 곳으로 나가는 출구를 찾고자 암중모색할 것이다.

우리는 종종 인생이라는 미로에서 암흑 같은 정신적 고통에 빠진다. 심연 한가운데 우뚝 솟은 바위 위에 선 것처럼 아무에게도 토로하지도 못하고 해결책을 찾지도 못한 채 불안해한다. 새벽녘 절망 속에서 자살의 유혹에 빠지기도 한다.

다행히 우리는 밝은 곳에서 살고 있다. 내가 어디에 있는지 내 주변에 무엇이 있는지 확인할 수 있다. 걷고 앉고 달릴 수 있다. 배고프면 어디에 먹을 것이 있는지 알고, 어느 카페에 가면 맛있는 케이크를 먹을 수 있는지 알고 있다.

하지만 인생의 궁극적 목적이 보이고 구제받을 수 있다는 약속을 받는다면, 어떤 난관에 봉착해도 그 빛에 의지해 안심하며 인생 가도를 걸을 수 있다.

석가는 우주의 원리인 '연기(緣起)의 법칙' 즉 '모든 것이 서로 의존하여 발생한다는 것'을 깨닫고, 부처가 되었다. 그리고 그 깨달음을 기준 삼아 자신과 똑같은 길을 걸어간다면 구제받을 것이라고 제자들에게 약속하였다. 그러나 어느덧 석가가 입적한 후 많은 시간이 흘렀다. 그래서 석가를 직접 볼 수 없었던 후대의 제자들은 아미타의 신앙을 지니게 되었다. 그들은 석가의 "나의 가르침을 보는 자는 나를 보는 자이다"라는 유언을 믿었다. 우주의 원리를 깨달은 석가의 지혜나 자비를 통해 반드시 구제받을 것이라고 믿으며, 시대와 장소를 초월하여 늘 그의 정신적 활동을 좇는 아미타 신앙을 지니게 되었다. 이는 아미타불을 통해 석가가 구현했던 지혜와 자비 즉 정신적 활동에 도달하는 것이다.

후대의 불제자들은 우주의 원리를 '법신불(法身佛)', 우주의 원리를 깨달은 석가를 '응신불(應身佛)', 그리고 석가의 정신적 활동을 전달하는 아미타불을 '보신불(報身佛)'로 구분하였다. 하지만 이는 항아리의 원료, 형태, 용도를 나누는 것과 같다. 즉 한 대상의 세 가지 측면이다. 우리는 우주의 원리를 깨달은 석가의 가르침을 통해 그의 활동을 체험할 수 있으며, 석가와 같이 도를 체화함으로써 확실한 구제를 받을 수 있다.

이와 반대로 우주의 원리를 따르지 않는 가르침을 추종하는 것을, 석가는 "잘못된 구도"라고 말했다.

97편
방법은 다양하나 본질은 하나이다

> 깨달은 자와 진리의 가르침과
> 수행을 위해 모인 집단에 귀의한 자는
> 올바른 지혜를 가지고 네 가지 고귀한 진리를 보게 될 것이다.

『법구경(法句經)』 190

부처란 무엇인가? 불교에는 개조인 석가나 아미타여래와 같은 유일신 종교를 연상케 하는 부처를 비롯해서, 대일여래(大日如來, 비로자나여래)와 같이 범신교적인 부처, 사람이 죽으면 부처가 된다는 설명에 등장하는 다신교적인 부처, 심지어 부처라는 관념마저 부정하는 선(禪)불교의 무신교적 가르침도 있다. 어떤 쪽이 진정한 부처일까? 석가가 입적한 이후, 학파나 종파가 발생했다. 그리고 우열을 가리기 위해 불교 교리에

층위를 나누는 교상판석(教相判釋, 석가의 가르침을 분류하고 체계화하는 일)이 나타나기 시작했다.

그러나 "종파 중 누가 이기든 간에 석가에게는 수치이다"라고 했다. 어떤 부처를 받들든지 내가 깨달음을 얻고 구제를 받았는지가 중요하다. 자신이 구제받지 못한다면, 어떤 부처든지 아무 의미가 없다. 예부터 불교에는 '대기설법(對機說法, 듣는 사람의 능력을 고려한 설법)'이라는 단어가 있다. 병에 맞게 약을 주듯이, 다양한 부처가 우리의 성격, 능력, 상황에 맞게 나타나는 것이다. 중요한 것은 부처의 광명을 받아 내면에 잠자고 있는 불성(佛性, 부처의 성질)을 깨우고 구제받는 것이다. 나를 돕는 부처가 누구인지 찾고 그를 생명의 은인으로 공경하는 것이다.

석가가 살아 있을 때는 석가를 스승으로 받들고 그의 가르침을 따르면 되었다. 하지만 석가가 입적한 후에는 그의 제자들이 가르침을 전승하였다. 불교에 귀의해 교단에 들어온 사람들은 귀의처를 불보(佛寶, 석가)와 법보(法寶, 석가의 가르침), 그리고 승보(僧寶, 석가의 제자들 모임의 힘)를 삼보(三寶)로 삼고 하루하루를 보냈다. 시대의 흐름에 따라, 이런 정신적 지표가 확대되어 불상과 불화(佛畵), 경전, 승려를 공경하는 주지삼보(住持三寶)로 해석되었다. 불법승(佛法僧)이야말로 불교에 귀의하는 사람에게 살아 있는 지표가 되는 최고의 원리이다.

하지만 최근에는 이러한 불법승과 삼보를 명확히 구별하지 않는다. 서로 불가분의 관계를 맺는 일체삼보(一體三寶) 관념이 정착하고 있다. 이전에는 삼보를 외부에서 구했다면, 요즘은 내면에서 구한다. 또한 삼보가 대표하는 활동들을 실현해 나가는 것을 중시하고 있다.

나름대로 삼보를 해석해 보자면, 먼저 불보는 '연기(緣起)의 법칙'을 체현하여 독립적, 주체적 생활을 해낸 석가와 같이 이상적인 인간이 되기 위해 노력하는 것이다. 법보는 '연기의 법칙'을 통해 자유롭고 창조적인 생활에 이르는 가르침을 익히고, 타인에게 가르쳐 주는 것을 상징한다. 승보는 '연기의 법칙'에 근거하여, 모든 것이 소외나 단절을 극복하고 운명공동체로 살아가는 것이다. 즉, 타인과 교류하여 모두가 평화로운 사회의 구성원이 되도록 노력하는 것을 상징한다.

『정법안장』에는 "부처는 큰 스승이므로 귀의한다. 가르침은 좋은 약이기 때문에 귀의한다. 승려는 훌륭한 친구이기 때문에 귀의한다"라고 서술하고 있다. 이는 '일체삼보'의 고전적 설명이다. 우리는 이 불법승을 받들면서, 이것에 대응하는 내면의 삼보를 개발하고 구현해야 한다.

98편
멀리 보면 다투지 않는다

> 일부분만 보는 사람은 왈가왈부하고 싸우게 된다.
>
> 『중육모상경(衆育摸象經)』

"나무만 보고 숲을 보지 못한다"라는 말이 있다. 세세한 것에 구애되어 전체적인 모습을 보지 못하면 사물의 본질을 놓치기 쉽다. 불교 설화집 『본생경』에도 다음과 같은 일화가 있다.

어느 날 인도의 왕이 맹인을 불러 모아 큰 코끼리를 만지게 한 후 그 감상을 물었다. 맹인들은 코끼리의 다리, 꼬리, 배, 코 등을 만지고서 왕에게 대답했다. "이것은 나무통 같습니다." "빗자루 같습니다." "아닙니다. 큰 지팡이 같습니다." "아닙니다. 큰 북 같습니다." "벽 같습니다." "뿔 같습니다." "긴 줄 같습니다." 그들은 느낀 대로 솔직하게 답했다. 이를 듣고 비웃는 신하들을 왕이 나무랐다. "비웃지 마시오. 그대들도 이 맹인과 비슷합니다. 나의 생각이 가장 옳다고 생각하고 있지 않습니까?"

불교는 늘 전체와 개체 간의 관계를 문제 삼는다. 전체를 이해하지 못하면 부분도 이해할 수 없고, 부분을 이해할 수 없으면 전체도 이해할 수 없다는 입장이다. 이것을 '일체즉일(一切卽一)'이라고 한다. 중국의 승려 법장(法藏)이 쓴 『화엄오교장』에 설명된 '일즉십(一卽十, 하나가 곧 열이다)'의 의미가 확대된 것이다. 세계를 방방곡곡 돌아다니며 세상 모든 것을 알고 싶어도, 『서유기』의 손오공처럼 그저 "부처님 손바닥 안"일 뿐이다. 너무나도 광대한 불교의 우주관에서 본다면, 제한된 능력과 짧은 생애 속에서 세상 전체를 본다는 것은 불가능에 가깝다. 그럼에도 전체를 보려는 노력을 포기할 수는 없다.

『논어』에 "모르는 것을 모른다고 하는 것이 곧 앎이다"라는 구절이 있다. 구도의 과정에서 알고 있는 것과 모르는 것을 확실히 구별함으로써 자신의 한계와 겸손함이 드러나게 된다. 오늘날은 "맹인이 뱀을 무서워하지 않는" 형국이다. 모르면서도 아는 척하는 사람이 얼마나 많은가? 철의 장막을 치고 모든 국민을 외국의 자유로운 분위기와 접촉하는 것을 막은 소련도 아침저녁으로 세계 각지의 소식을 남김없이 제공했다.

반면 오늘날 미디어의 보도 방식은 어떠한가? 중대한 사건이나 재미있는 일화는 TV나 잡지를 장식하지만, 세계 각지 사람들의 일상생활은 뉴스에 담을 가치가 없다고 생각하는지 거의 다루지 않는다. 선진국의 일에는 민감하지만, 이웃 나라인 대만, 몽골, 터키 등의 소식은 거의 보도하지 않는다. 우리와 직접 관계가 없다고 여겨지는 우간다, 오만, 콜롬비아 등의 국가에 관한 기사는 본 적도 없다.

99편
오만한 자는 감사하지 않는다

> 거만한 사람들 속에 있을 때는 자신을 낮추고,
> 비천한 사람들 속에 있을 때는 자신을 높여야 한다.
>
> 『장로게(長老偈)』

『장로게』는 『장로니게』와 더불어 기원전 3세기까지 취합된 석가의 제자들의 언행록이다. 이 책은 인도의 고전 『리그베다』 찬가에 필적하는 아름다운 문장으로 적혀 있으며, 여러 제자의 신앙고백이 담겨 있다.

인간은 노력의 결과로 세간에서 인정받고 유명해지면, 어느샌가 자만심이 고개를 들고 타인을 무시하기 마련이다. 그리고 자신은 무엇이든 할 수 있다는 거만한 태도를 취한다.

석가가 살아 있을 때도, 당시 마가다국의 왕 아자따샤뜨루는 석가의 반역자 데바닷따의 꾐에 넘어가 아버지 빔바사라를 살해하고 석가 살해 계획을 돕기까지 한 인물이다. 그러나 자신의 실력을 과신하여 권력을 부리고 싶은 대로 부렸다.

금강보살(金剛菩薩)은 오른손에 금강저(金剛杵, 번뇌를 없애는 지혜의 무기)를 들고 석가의 신변을 지키고 있었다. 어느 날 이 금강보살을 본 아자따샤뜨루는 그가 무기를 거뜬하게 들고 있는 것을 의심하고, 자신도 그 정도 힘은 있다고 큰소리를 치고 다녔다. 그리고 기회만 되면 실력을 보여 주려고 했다. 그 마음을 간파한 금강보살은 왕을 만났을 때 "가능하다면 한번 들어 보시지요"라고 금강저를 건넸다. 왕은 금강저를 쥐고 움직여 보려고 하였으나 땅에 뿌리라도 내린 듯이 꿈쩍도 하지 않았다. 자존심이 상한 왕은 석가가 있는 곳으로 가 "어째서 금강보살은 신통력을 얻은 것입니까?"하고 물었다.

석가는 왕자의 질문에 다음과 같이 답했다.

"그것은 보살이 십법(十法)을 수행하고 있기 때문입니다. 십법은 다음과 같습니다. 첫째, 자신의 생명을 버릴지라도 끝까지 정법(正法)을 버리지 않는다. 둘째, 어떤 사람에게도 허풍을 치지 않는다. 셋째, 뒤처지고 약해진 사람들을 불쌍히 여긴다. 넷째, 배고픔이나 갈증으로 고통받는 사람에게 재물을 나눈다. 다섯째, 공포심에 사로잡힌 사람을 안심시킨다. 여섯째, 병으로 고통받고 있는 사람을 돕는다. 일곱째, 곤경에 빠진 사람을 그 상황에서 구해 낸다. 여덟째, 불탑을 잘 정비한다. 아홉째, 늘 기쁨이 충만한 표현으로 말한다. 그리고 열 번째는 무거운 짐을 지고 있는 사람을 도와주는 것입니다. 이것을 실행했기 때문에 금강보살은 신통력을 얻을 수 있었습니다. 교만하거나 자존심이 강한 사람은 금강저를 움직이지 못한다는 것을 알아들으셨겠죠?"

왕은 이 말을 듣고 깊이 반성하였다. 그 후 석가의 열렬한 귀의자 되었다. 석가는 "스스로를 높이지 않고, 타인을 가볍게 여기지 않고, 피안에 도달한 사람을 깔보지 않고 부추기지도 않고, 대중 속에 있으면서 자찬하지도 않고, 자랑하지도 않고 겸손히 이야기하고 계율을 잘 지키는 사람"이 되어야 한다고 했다.

100편
도움받지 않은 삶은 없다

> 자기 자신을 먼저 올바르게 해야 한다.
> 그 후 다른 이를 가르쳐야 한다.
> 이에 지혜로운 자는 걱정거리가 없다.

『법구경(法句經)』 158

오늘날은 지식이 확장됨에 따라 다른 사람의 동향을 쉽게 알 수 있게 되었다. 그래서 자기 일은 제쳐 두고 남에 대해 이러쿵저러쿵 이야기꽃을 피우곤 한다. 상대의 결점, 약점은 잘 보인다. 그래서 그에 대해 세세하게 지적하고 비판할 수 있다.

이런 것도 필요하겠지만, 그 눈을 스스로에게 돌리는 사람이 적은 것 같다. 좋은 사람으로 보이려고 하거나 허세를 부리는 사람은 많아도, "저는 이런 결점과 약점을 가진 보잘것

없는 사람입니다"라고 솔직하게 말하는 사람은 없는 것 같다.

완벽한 사람만 있다면 답답하고 재미없는 세상이 되지 않을까? 다른 사람을 비판하는 일에 개인만이 아니라 집단이 형성되기도 한다. 예전에 어느 장관은 "내가 속한 집단에 대해 비판할 자유가 없어지고 있습니다. 집단의 압력이 크게 작용하고 있기 때문입니다. 하지만 집단의 고립을 방지하기 위해서는 집단에 대한 비판이 필요합니다. 당원이 당을 비판하고 언론인이 언론을 비판하는 일이 쉽지는 않습니다. 하지만 집단과 개인의 자유를 확보하려면 비판이 꼭 필요합니다"라고 논했다.

빨리 변하는 현대 사회에서 자신의 결점을 스스로 남에게 드러내면 큰일이 난다고 생각하는 것 같다. 그래서 개인도 집단도 스스로 보호하는 일에 급급하고, 남을 비판하는 데 신경이 곤두서 있다.

일본의 승려 사이초(最澄)는 열아홉 살에 히에잔 사원을 열기 위하여 『발원문』을 써서 올렸다. 거기서 자신을 가리켜 "바보 중 제일 바보, 번뇌로 가득한 중생, 수준 이하인 내가 먼저 여러 부처를 거스르고, 그다음 황법(皇法)에 등 돌리고, 마지막으로 효례(孝禮)를 저버렸습니다"라고 통렬하게 스스로를 비판했다. 세상 사람들이 자신을 훌륭한 승려라고 말하며 추켜세우고 있을 때, 그는 자신이 계율을 제대로 지키지 못하고 역겨운 일만 저지르고 있는, 최악의 인간이라고 말했다.

　잘 생각해 보면, 세상 사람에게 훌륭한 사람이라고 칭찬받더라도 신세를 지지 않고 살아가는 사람은 없다. 아무리 기억이 없을지 몰라도, 나도 모르는 사이 실수를 저지르기 마련이다. 자신의 어리석음을 자각할수록, 다른 사람을 책망하고 재단할 자격이 없다는 것을 깨닫게 된다. 반성을 못 하는 사람일수록 나의 결점은 못 본 척하고, 다른 사람을 비판할 때는 눈 하나 깜짝하지 않는다. 이들은 자신의 얼굴을 제대로 본 적이 있을까?

101편
모든 사람이 실패를 겪는다

> 사람은 과거에 잘못을 저질렀어도
> 나중에 그 일을 멈추고 다시 죄를 저지르지 않으면
> 세상을 밝게 만들 수 있다.
> 마치 구름이 걷히고 달이 나오듯이.
>
> 『증일아함경(增一阿含經)』

잘못을 저질러 부모, 선생, 선배에게 혼나면 '나는 정말 여기까지인가?' 하며 의기소침해지고 무기력해진다. 실패는 하지 않는 편이 제일 좋지만 이미 저지른 이상 "엎질러진 물을 다시 담을 수는 없듯" 후회해 봤자 소용없다. 이미 저지른 실수는 어쩔 수 없는 나의 잘못이고 내가 부주의한 결과이다. 그럴 때 '어떻게 하면 같은 실수를 반복하지 않을까?'라며 반성하고 다짐하는 게 중요하다. 상심은 떨치고 다시 일어나면 된다. 그것을 모른 척하면 같은 실수를 반복하는 과오를 범한다.

누구나 실수를 한다. 좌절의 경험이 좋다는 건 아니다. 좌절이 있어야지만 성공한다는 뜻도 아니다. 그것을 시금석 삼아 심기일전할 수 있는 사람이 훌륭한 사람이라는 점을 말하고 싶다. 조금 비난받거나 뒤처졌다고 해서 맥이 빠지거나, 자신을 못난 인간이라고 자책하는 삶을 살아서는 안 된다.

학교에서는 성적이나 등급으로 학생의 가치를 매긴다. 일류 학교나 일류 회사에 들어가는 것이 인생의 유일한 목적이 되고 있다. 그러나 서열 중심의 단선적 교육은 피상적일 뿐이다. 그런 것에 흔들려서는 안 된다. 모과나무 열매는 이, 삼 년 만에 열리지 않는다. 그와 마찬가지로 인간의 가치가 고작 몇 년간의 학업성적으로 결정될 수 없다. 가지 줄기에서 오이가 나지 않듯, 감나무가 밤나무로 바뀔 수 없듯, 인간에게도 각자가 가진 개성이 있다. 그것을 충분히 발휘할 수 있도록 적절하고 착실하게 살아 나가야 한다.

한편에서는 잘못을 범하거나 낙오해도 큰 문제 없다며 대수롭지 않게 여기고 뻔뻔하게 사는 사람도 있다. 고승 신란(親鸞)은 "해독제가 있다고 독을 즐기면 안 된다"라고 경계했다. 잘못을 용서받았다고 태연하게 같은 잘못을 되풀이하면, 자신도 모르는 사이 내면에 좀이 슬어 돌이킬 수 없는 지경에 이르게 된다. 약은 독을 억제할 수 있는 효과가 있지만 그렇다고 약에 의존해서는 안 된다.

 석가도 『법구경』에서 "악을 행했다면 그것을 다시 행하지 말라. 악을 즐거워하지 말아라. 악이 쌓이면 고통이 늘어난다"라고 말했다.

102편
욕심이 종말을 부추긴다

> 건강은 최상의 이익,
>
> 만족은 최상의 재산,
>
> 신뢰는 최상의 친척,
>
> 마음의 평온은 최상의 행복이다.
>
> 『법구경(法句經)』 204

지구상에는 약 삼십육억 년 전 생물이 탄생한 이래, 오늘날까지 백오십만 종 이상의 이런저런 생물이 존재했다. 그리고 그 유전자를 꺼내어 살펴보면 모두 비슷하다고 한다. 모든 생물이 친척이다. 그러니 지구를 다른 생물이 살기 어려운 곳으로 만든다면, 인간 자신도 살 수 없는 곳이 될 것이다. 더군다나 인간끼리 서로 싸우고 죽이기까지 한다면 모두 쓰러지고 말

것이다.

노벨생리의학상 수상자 콘라트 로렌츠의 저서 『문명화된 인간의 여덟 가지 죄악』에서 인류를 파멸로 이끈 현대 사회의 특징으로 인구과잉, 생활공간 황폐, 인간 간 경쟁, 감성의 소멸, 유전적인 퇴폐, 전통의 파괴, 쉽게 교화됨, 핵무기를 언급했다. 우리 주위의 생활환경은 이미 오염되고 있다. 육체적, 물질적, 정신적으로 병들고 있다고 말해도 과언이 아니다.

인류가 타락하고 종말로 가고 있다고 생각하는 사람들이 계속 존재하고 있다. 서양에서는 고대 그리스 시대부터 이런 사상이 있었다. 플라톤은 국가 멸망의 원인이 인간 욕망의 비대화, 나쁜 평등주의, 에고이즘의 범람 등에 있다고 경고했다.

석가가 살아 있던 시대에도 이미 말법(末法)이라는 사고방식이 생겼다. 여성을 교단에 허락하여 불교의 존속 기간을 절반으로 줄였다고 제자들이 탄식하기도 했다. 석가가 입적한 이후 불교 교단이 각지로 확대되고 비대화됨에 따라 교단에 파계한 사이비 승려가 들어와 교단을 파멸로 이끌 것이라고 경고하는 『법멸진경』이라는 경전도 나왔다.

이 책에는 타락한 승려의 모습이 묘사되어 있다. "악마가 승려의 모습을 하고 불교 교단에 들어와, 그 교단을 파괴한다. 이 사이비 승려는 속인의 의복을 몸에 걸치고 화려하게 치장하고, 술에 빠지고, 성실한 승려를 시기하여 절에서 쫓아낸다.

자신은 수행하지 않으며, 절이 황폐해져도 모른 척한다. 재산을 축적하는 것만 생각하고 타인에게 베풀지 않는다. 게을러서 부처의 가르침을 진지하게 듣거나 말하려고 하지 않는다. 경전 공부를 소홀히 하고 잘 알지도 못하면서 거만하다. 그러면서도 유명해져서 남들로부터 칭송만 받으려고 한다. 이렇게 부패한 승려에 의해 진정한 불교가 쇠퇴하고 인간은 타락한다. 결국 홍수가 일어나 부자도 거지도 모두 휩쓸려 떠내려가 물고기 밥이 될 것이다." 그리고 수만 년 후 미륵보살(彌勒菩薩)이 재림하여 사람들을 구할 것이라고 적혀 있다.

이 예언이 들어맞지 않도록 오늘날 승려들은 모였을 때 반드시 "귀승식쟁론 동입화합해(歸僧息諍論 同入和合海, 올바른 승단에 귀의하여 다툼을 그치고, 함께 화합의 바다에 들어간다)"라고 함께 외치면서 사이좋게 지내고자 한다. 이는 승려뿐 아니라 많은 사람에게 적용되는 말이라고 생각한다.

103편

지혜는 늙거나 낡지 않는다

> 화려한 왕의 수레도 낡아 스러지고,
> 이 몸도 늙는다.
> 그러나 지혜로운 사람의 가르침은 낡지 않는다.
> 지혜로운 사람이 지혜로운 사람에게 전달하기 때문이다.
>
> 『법구경(法句經)』 151

영국의 엘리자베스 2호를 탄 어느 작가가 그 승선 경험을 신문에 다음과 같이 실었다. "육만 팔천 톤이나 나가는 호화선이 사실상 움직이는 양로원이라는 것을 알아차렸다." 승선객 대부분이 노후를 즐기는 영미권 노부부라는 것이다. 갑판에서 옆에 있던 노부부 대화를 들으며 그는 생각했다고 한다. '인간이 과거를 회상하는 데만 시간을 보내고, 특별히 해야 할 일도 없이, 받기만 할 뿐 줄 대상도 없는, 더 안전하고 더 쾌적한 상태에 놓였을 때 충만한 것과 반대된 심리상태로 기우는 것 아닐까? 이 배는 고령화 사회의 이상향을 구현한 거야. 하지만 이상향이 현실화되어도 문제는 해결되지 않는다는 것도 보여 주고 있구나.'

아무리 호화로운 배로 여행하고 있어도, 그렇게 혜택받은 노인이라도, 다가오는 죽음에 대한 불안은 숨길 수 없다. 그저 조급하게 여기저기 돌아다녀 보아도 늘 공허함이 따라다닌다.

의료 설비도 향상되고 노인복지에 대한 목소리도 높아졌다. 그래서 노후에 대한 불안이 사라진 것 같은 느낌을 받는 사람이 많다. 하지만 사실 그렇지 않다. 취미도, 말 붙일 친구도 없이 한가한 시간과 남는 에너지를 쓸 곳도 없이 홀로 노후 생활을 보내는 경우가 많다. 그저 숨만 붙어 있는 식물인간과 다를 바 없다.

그러나 "팔십에 시작하는 공부"라는 말도 있듯이, 나이가 들어도 자신이 할 수 있는 일은 얼마든지 있다. 즐겁고 마음에 끌리는 것을 찾고, 하루하루에 충실한 삶은 마음먹기에 따라 얼마든지 가능하다. 만사에 흥미와 호기심을 지니고, 배우려는 자세를 갖는 것이 중요하다. TV를 보거나 라디오를 들어도 좋고, 강연회나 강습회에 나가도 좋다. 무엇이든 자기가 할 수 있는 것에 전념하는 사람은 늘 젊게 산다.

육체와 정신은 불가분의 관계에 있다. 따라서 육체가 젊으면 정신도 젊어지고, 그 반대도 마찬가지다. 양자의 노화는 자신이 그렇게 만든 것이다. 몸도 마음도 젊어지고 싶다면, 그에 맞는 행동을 실천해야 한다.

104편
삶은 뛰어드는 것이다

> 많은 것을 설명할 수 있다고 해서
> 그가 법을 지킨 자가 되는 게 아니다.
> 적게 들었다고 하더라도
> 몸소 그것을 실천한다면 법을 지킨 자라고 할 수 있다.
> 법을 가볍게 여기는 자가 아니기 때문이다.

『법구경(法句經)』 259

중국 송나라의 선승 오조법연(五祖法演)은 제자 교육과 관련하여 다음과 같은 일화를 전했다.

어느 유명한 도둑이 나이가 들자, 자신이 일생에 걸쳐 체득한 궁극의 도둑질을 아들에게 전해 주고자 했다. 어느 날 아들에게 "오늘 내가 도둑질의 비술을 전수해 줄 테니 함께 가자"라고 했다. 둘은 저택 안에 있는 창고에 숨어들었다. 거기에는 궤가 하나 있었다. 아버지는 아들에게 그곳에 들어가 안에 있는 것을 훔치라고 했다. 아들이 들어가자마자 아버지는 덮개를 닫고 밖에서 자물쇠를 잠그고 뜰로 나왔다. 그러고는 "도둑이야, 도둑이야"라고 외치며 동태를 살폈다. 그 소리를 들은 집안 사람과 시종들은 불을 들고 온 집을 뒤졌다. 그 사이 아버지는 담장 틈 사이로 빠져나가 집으로 돌아갔다.

아들은 궤에서 나오지 못하고 곤란에 빠져 있었다. 아버지가 잔인한 짓을 저질렀다고 원망해도 때는 이미 늦었다. 무슨 수를 써야만 했다. 마침 여종이 등을 들고 창고에 들어왔다. '지금이다'라고 생각한 아들은 궤 안에서 찍찍하는 쥐 소리를 내었다. 여종은 궤 안에 들어있는 귀중한 물건을 쥐가 물어뜯으면 큰일이라고 생각하여 자물쇠를 풀어 뚜껑을 열었다. 여종이 안을 들여다본 순간 아들이 뛰어나와 등불을 끄고 창고 밖으로 도망쳤다. 기절초풍한 여종은 "도둑이다!" 하고 소리치니 하나둘 창고로 모여들고 있었다. 아들은 더 이상 도망갈 곳이 없다고 생각할 즘 옆에 낡은 우물을 발견했다. 그는 발밑에 있는 돌을 주워 우물 속에 빠뜨렸다. 집안 사람들은 도둑이 도망갈 곳을 못 찾고 우물 속으로 들어갔다고 생각하고 그 안을 들여다보았다. 사람들의 집중이 우물에 팔린 사이, 아들은 담장 틈 사이로 빠져나와 무사히 집으로 돌아올 수 있었다.

아들은 마중 나온 아버지를 향해 "도중에 도망을 가다니 너무하십니다" 하고 화를 냈다. 이에 아버지는 "하지만 너는 이렇게 무사히 집에 돌아오지 않았느냐. 어떻게 돌아왔느냐?"라고 물었다. 그래서 아들이 그 과정을 설명하였다. 아버지는 "그것이 바로 내가 일생에 걸쳐 체득한 것이다. 오늘부터 너를 도둑으로 인정하겠다"라고 말했다고 한다. 자식 교육은 이렇게 해야 한다.

105편
미래는 현재의 내가 결정한다

> 분발하고 정진을 계속하며 자신을 잘 다스리는 자,
> 이 현인은 거센 물결로도 밀어낼 수 없는,
> 마음의 섬을 쌓는다.
>
> 『법구경(法句經)』25

예전에 인간의 생활은 불편하고 불쾌한 것투성이였다. 아무리 열심히 일해도 쾌적한 생활을 꿈꿀 수 없었다. "일하고 일해도 삶은 나아지지 않고 늘 힘들었다"라는 옛 시구절을 실감할 수 있다. 오늘날에는 이러한 상황이 변하여 고도 경제성장의 파도를 타고 끼니를 걱정하지 않아도 되는 사회가 되었다. 육체를 혹사하지 않아도 살아갈 수 있는 좋은 사회다. 예전에는 자신의 노동력에 의존해서 살아갔다면, 이제는 기계에 일을 맡겨 두고 여가생활에 여력을 사용할 수 있게 되었다.

하지만 그 넘치는 에너지를 쓸 곳을 찾지 못해서 자극을 찾아 헤매는 자들도 있다. 도박, 섹스, 마약, 자동차 경주 등에 빠져 자신의 명을 줄이고 제 무덤을 판다. 다른 한편에는, 자유롭고 평화로운 사회에 있으면서 위험한 모험을 시도할 용기도 없이 멍하니 하루를 보내며 '인생이 공허하다'라고 탄식하는 사람도 있다. 일도 공부도 집중하지 못하고 흐릿한 회색의 삶을 살다가 신경증이나 정신병에 걸리고 스스로 극한상황으로 내모는 사람도 있다.

모두 본래의 자기에게서 벗어난 '인격실격자'이다.

석가는 "인생은 고통이다"라고 설하였다. 많은 비구와 승려도 출가하여 고독한 생활을 영위하였다. 이에 불교가 일종의 허무주의나 염세주의가 아닌가 하고 오해한다. 특히 석가는 사후 세계를 설명하지 않았기 때문에 불교가 무(無)를 강조하고 노력의 헛됨을 설하는 숙명론이라고 생각한다. 그러나 이는 사실이 아니다. 석가는 '연기(緣起)의 법칙'을 설했다. 모든 것이 서로 의존하며 늘 새로운 것을 창조하고 있다. 그래서 인간도 노력을 통해 새로운 운명을 열어야 한다고 강조한다.

"인생은 고통"이라는 것은 결론이 아니라 출발점이다. 고통스럽고 불안한 현실에서 눈을 돌리지 말고 이 현실을 정면으로 돌파하기 위해 노력해야 한다. 선(禪)불교에는 "불매인과

불락인과(不昧因果 不落因果)"라는 말이 있다. 인연의 법칙은 부정하고 싶다고 부정되는 것이 아니다. 그것을 외면할 수도 없다는 뜻이다. 그러나 인과라는 말에 함몰될 필요는 없다.

"곧 죽는다는 기색을 드러내지 않는 매미의 소리"라는 유명한 시구절이 있다. 매미는 유충의 껍데기를 깨고 한 마리의 매미가 된다. 나흘이 지나면 매미는 소리를 낸다. 그리고 1, 2주 만에 생을 마감한다. 그 정도로 수명이 짧은 생명체이지만, 자신이 낼 수 있는 최대한의 소리를 낸다.

마찬가지로 인간도 한 번뿐인 인생 속에서 보람을 발견하고 행복을 맛보아야 한다. 과거의 인연에 근거하여 현재의 자신도 있는 것이다. 또한 현재의 나는 미래의 인연의 설계자이자 건설자이다. 그러니 미래를 만드는 노력을 게을리해서는 안 된다.

106편
버릴 준비가 되어 있어야 한다

> 얻은 것이 적어도 얻은 것을 가벼이 여겨서는 안 된다.
>
> 『법구경(法句經)』 366

쾌적한 기계문명의 은혜를 받지 못한 옛날 사람들은 불편하고 불쾌한 생활을 할 수밖에 없었다. 하지만 그것을 당연하게 생각하였다. 온갖 고통을 감내하였고, 세상사가 내 생각대로 되지 않는다는 것을 잘 알고 있었다. 엄혹한 환경에서 살아가기 위해서는 겸허한 마음으로 스스로를 적응시키는 것 외에 방법이 없었다. 그러나 문명의 이기에 익숙해진 우리는 쾌적한 상태를 당연한 것으로 여기고 있다. 그리고 현재보다 더 쾌적한 상태를 추구하는 인간의 욕망은 끝없이 비대해지고 있다.

인간의 욕망을 만족시키기 위해서는 더 많은 돈, 지위, 직함, 권력, 더 많은 보석과 의류, 자동차, 집이 필요하다. 이것들을 얻기 위해 악착같이 일하고 있다. 자신이 원하는 것을 손에 넣었다고 해도 만족하지 못한다. 더 많은 것을 원하고는 아귀, 축생과 같은 삶을 보내고 있다. 이런 방식으로는 만족하여 마음이 편안한 삶을 평생 바랄 수 없다. 지금 나에게 주어진 것에 감사해하고 만족하는 '소욕지족(少欲知足)'하는 마음가짐을 지닐 필요가 있다.

우리는 더 많은 것을 획득하고 축적하는 '덧셈'의 삶을 이어 왔다. 그렇게 획득한 것 중에 정말로 나에게 필요한 것과 필요하지 않은 것을 구별하고, 불필요한 것은 과감하게 버릴 각오를 다져야 한다.

어느 선장은 "배에 짐을 너무 많이 실으면 상층부가 무거워져 복원력을 잃고 맙니다. 이것이 '톱-헤비(top-heavy)'라는 불균형 현상입니다. 복원력을 회복하기 위해서는 상층부에 있는 물건을 바다에 버릴 수밖에 없습니다. 아무리 비싼 물건이라도 말입니다. 오늘날 국가라는 배에 타고 있는 국민 한 사람 한 사람이 톱-헤비가 되어 복원력을 잃어 가고 있는 것 아닐까요"라고 경고했다.

불필요한 물건을 등에 잔뜩 메고서는 비상시에 신속하게 안전한 장소로 피신할 수 없다. 아까워서 버리지 못하면 그것에 짓눌려 움직이지 못한다. 짐을 지고 안간힘을 쓰는 사람은 너무도 볼품이 없다.

'만족(滿足)'이라는 글자를 '발이 가득 찬다'라고 해석한다. 발에 중심이 놓여 있는 것이다. 아무리 넘어져도 다시 일어나는 오뚜기도 중심이 아래에 있다. 때문에 흔들리다가도 다시 서는 것이다. 어느 불자는 다음과 같이 노래했다.

비가 와도 좋다. 맑아도 좋다.
없어도 좋다. 있어도 좋다.
죽어도 좋다. 살아도 좋다.

107편
죽음은 새로운 교훈이다

> 나의 육체를 보는 것이 나를 보는 것이 아니다.
> 나의 가르침을 아는 자가 나를 보는 자이다.
>
> 『대반열반경(大般涅槃經)』

사람이 죽으면 "성불하셨다"라고 하거나 "왕생하셨다"라고 한다. 엄밀한 의미를 따지자면, 사람이 죽은 후에 석가와 같이 깨달은 자가 될 리 없다. 또한 '왕생'하여 중생을 구제할 리도 없다.

하지만 일반적으로 사람이 죽으면 삼계(三界)의 도사라고 여겨지는 승려로부터 계명(戒名)을 받고, 인도(引導, 승려가 죽은 사람의 관 앞에서 설법하는 일)를 받으면 '부처'가 된다고 믿는다. 고인의 기일에는 불사(佛事)를 준비하고 불전(佛殿)을 향해 절한다. 그리고 시간이 지나면 무연불(無緣佛)로서 장례를 치른다.

일본에서는 '몰후작승(歿後作僧)'이라고 하여 장례를 치를 때 승려로부터 불제자가 되었다는 표시로 계명을 받거나, 생전에 수계하고 계명을 받는 경우가 있다. 하지만 이는 불제자가 되는 것이지 부처가 되는 것이 아니다.

그러나 언제부터인가 불제자가 되는 것과 부처가 되는 것이 혼동되다가 동일시되었다. 언제부터 이렇게 되었는지 확정하기 어렵다. 불교가 일본에 정착하고 대승불교 교단이 조정으로부터 승인받은 헤이안 시대 즈음일 거라고 생각한다. 당시는 귀족 계급이 몰락하고 무사 계급이 주목받는 하극상 속에서 많은 사람이 염리예토(厭離穢土, 오염된 이 현실 세계에 환멸을 느끼고 떠남), 흔구정토(欣求淨土, 기쁘게 정토에 태어나기를 바람)를 바라며 염불에 전념하고 이를 통해 내세에 왕생할 수 있다고 확신하였다.

당시 "달이 기울고 밤이 깊어졌을 때 마음속을 들여다보니, 부처도 예전에는 평범한 인간이었다. 나도 결국 부처가 된다. 늘 불성(佛性)을 갖추고 있는 몸을 구별하는 것이 슬프다"라는 노래가 있었다. 『도연초』에도 비슷한 내용의 일화가 기록되어 있다. 여덟 살이 되는 아들이 "부처는 어떤 분입니까?"라고 묻자 아버지는 "부처는 사람이 그리된 것이다"라고 답했다. 아들이 "인간이 어떻게 부처가 되는 것입니까?"라고 묻자 "부처의 가르침에 의해 되는 것이다"라고 답했다. 다시 "가르침을 주는 부처에게는 누가 가르침을 준 것입니까?"라고 아들이 묻자, "그것도 또한 이전 부처의 가르침에 의해 된 것이다"라고 답했다. "그 가르침을 시작한 첫 번째 부처는 어떻게 부처가 된 것입니까?"라고 아들이 묻자 아버지는 "하늘에서 내려오고 땅에서 솟았다"라며 웃었다고 한다.

당시 사람들도 평범한 인간이 염불 신앙을 통해 부처가 되어 왕생할 수 있다고 생각했다. 이러한 사고방식이 일반인에게 보편화되었던 배경에는 삼계원융(三界圓融, 삼계가 두루 통한다)이나 실유불성(悉有佛性, 모두 불성을 지니고 있다)이라는 천태사상과 고대로부터 이어져 온 동양의 영혼관의 영향이 있었던 것 같다. 사람이 죽으면 원친평등(怨親平等, 원수와 친척이 평등하다)으로서 사랑받은 사람도 미움받은 사람도 현자도 바보도 모두 구분 없이 동일한 부처의 세계에 들어간다는 일본인 특유의 예지가 작동한 것도 부정할 수 없다.

고인이 사후 부처가 되는지 불제자가 되는지 구별하는 것은 사실 서양적 발상이다. 우리에게는 어느 쪽이든 상관없을 것이다. 요점은 고인을 통해 부처가 우리에게 교훈을 준다는 것이다. 그리고 우리가 살아 있는 동안 무언가를 해야 한다는 것을 자각하고 실천해야 한다.

마테를링크의 『파랑새』에도 치르치르와 미치르 두 사람이 상상 속의 나라에 간다. 그리고 그곳에 사는 조부모가 "너희가 나를 생각해 준 덕에 내가 너희를 만날 수 있었다"라고 한다. 고인을 추억할 때 고인과 대면하는 것이다. 그리고 그들의 바람을 이루어 주기 위해 노력하게 된다. 이와 같이 살아 있는 자와 죽은 자 모두가 영원한 생명의 활동 속에서 살아가라고 권하는 것이 불교이다.

108편
웃으며 돌아볼 수 있어야 한다

> 고타마의 제자는 늘 깨어 있다.
> 낮이고 밤이고 그가 늘 생각하는 것은 부처이다.
>
> 『법구경(法句經)』 296

부처는 원래 '완성된 이상적 인간'을 가리킨다. 석가는 그런 이상적 인간이 된 자라고 할 수 있다. 우리는 어떻게 하면 이상적 인간에 가까워질 수 있을까? 나름대로 고민하여 이상적 인간에 가까워지는 방법을 소개하고자 한다. 나는 늘 다음 문장을 입으로 외면서 이런 인간이 되고자 노력했다.

> 아무리 추한 세상에 있더라도
> 늘 나 자신을 잃지 않겠다.

가능한 한 많은 것을 보고 듣고
그 핵심을 편견 없이 받아들이고
그 안에서 진실을 분변하겠다.
나는 평온하면서도 명쾌하게 말하고
결코 두려움 없이
늘 어디에서나 누구에게나
당당한 태도로 대할 것이다.
그리고 내가 세상에서 해야 할 일을
누가 보든지 보지 않든지 간에
누가 인정해 주든 인정해 주지 않든 간에
그것이 아무리 괴로운 일이라 해도
절대 굴하거나 흔들리지 않고
그저 뚜벅뚜벅 걸어 나갈 것이다.
그리고 불행한 사람이 있다면
불쌍히 여기는 마음을 지니고
어떤 것이든 힘껏 도와줄 것이다.
자신을 대할 때 충실하게
사물을 대할 때 확실하게
사람을 대할 때 성실하게 대한다면,
좋은 결과를 얻지 못하더라도
그 행위 자체로

후회가 없을 것이다.

나의 인생은 단 한 번뿐이다.

이 세상에 단 하나뿐인

나이기에

나 자신을 살리고 주위의 것들을 살리고

모든 사람을 살리는

그런 인생을 살고 싶다.

괴로울 때 슬플 때는

늘 맑은 눈으로 넓고 높은 하늘을 올려다보며

자세를 바로잡고

나를 감싸는 신선하고 투명한 공기를

가슴 한가득 들이마실 것이다.

기쁠 때 즐거울 때는

늘 그 행복을 독차지하지 않고

다른 사람과 나누고 함께 즐거워하겠다.

이 세상이 아무리

소란과 기만으로 가득 차 있다고 하더라도

모두 아름답다.

정말로 고귀한 것이

있다는 것을 알고 있다.

그것을 유한한 삶 속에서

열심히 키운다면
틀림없이 기쁘고 즐거울 것이다.
언젠가
인생의 끝이 오는 그날에는
내가 걸어온 길을 뒤돌아보며
조용히 미소 지을 수 있는
후회 없는 인생을 보내고 싶다.

부록
초기불교 경전 소개

『경집(經集)』
남방불교의 대장경 중 『쿳다까니까야(小誦經)』에 수록되어 있다. 석가의 어록을 충실히 보존하고 있는 경전으로 일컬어진다. 석가의 직제자들이 스승의 가르침을 암송하고 있던 것을 후에 팔리어로 기록한 생활 지침서이다.

『대반열반경(大般涅槃經)』
남방불교의 대장경 중 『디가니까야(長部經典)』에 수록되어 있는 경전 중 가장 길다. 석가의 생애가 산문으로 수록되어 있다. 북방불교의 대장경 중 『장아함경(長阿含經)』에도 이름은 같지만 내용이 조금 다른 경전이 실려 있다.

『대지도론(大智度論)』
북방불교의 대장경 중 『석경론부(釋經論部)』에 수록되어 있는 불교 백과사전이다. 기원후 2세 세기 경 인도의 학승 나가르주나(龍樹)가 지었다. 엄밀히 따지면 초기불교 경전이라고 할 수 없지만, 이 문헌에서 석가의 언행이나 나가르주나 이전 불교 학설에 대한 개략적 지식을 얻을 수 있다.

『법구경(法句經)』
팔리어로 『담마빠다』라고 하며, '진리의 말'이라는 의미이다. 사백이십삼 개의 게송으로 구성되어 있다. 석가의 인생 교훈이 시의 형태로 서술되어 있다.

『법구비유경(法句譬喩經)』
북방불교의 대장경 중 『본연부(本緣部)』에 수록되어 있다. 『법구본말경(法句本末經)』이나 『법유경(法喩經)』이라고도 불린다. 한역된 『법구경(法句經)』을 기반으로 하여 각 게송이 왜 설해졌는지 해설하고 있다.

『사십이장경(四十二章經)』
서역 지방에서 실크로드를 거쳐 중국에 들어와 전승되었다. 기원후 645년에 처음 한역된 경전이다. 북방불교의 대장경 『경집부(經集部)』에 수록되어 있다. 문자 그대로 마흔두 장으로 구성되어 있다. 고(苦), 무상(無常), 무아(無我)라는 불교의 근본 교리가 설명되어 있다.

『상응부경전(相應部經典)』
남방불교의 대장경 중 『상윳따니까야』를 가리킨다. 북방 대장경 『잡아함경(雜阿含經)』에 상응한다. 이천팔백칠십오 편의 짧은 경전을 집대성하고 석가의 가르침을 항목별로 분류하고 있다.

『석가자설경(釋迦自說經)』
남방불교의 대장경 중 『쿳다까니까야(小部經典)』의 세 번째 경이다. 『우다나(自說)』라고도 부른다. 석가가 자발적으로 설한 가르침을 모았다.

『심지관경(心地觀經)』
북방불교의 대장경 중 『본연부(本緣部)』에 수록되어 있는 경전이다. 정식 명칭은 『대승본생심지관경(大乘本生心地觀經)』이다. 대승불교에서 설하는 '공(空)' 사상에 근거한 계율을 중히 여긴다. 출가주의에 입각하고 있다.

『아함정행경(阿含正行經)』
북방불교의 대장경 중 『아함부(阿含部)』에 수록된 경전이다. 생사윤회는 무명(無明)에 근거하며 모든 것은 마음에서 나오기 때문에, 그 마음을 올바르게 해야 한다고 설하고 있다.

『옥야경(玉耶經)』
남방불교의 대장경 중 『앙굿따라니까야(增支部經典)』에 수록되어 있는 경전이다. 석가의 제자인 수닷따 장로가 자신의 며느리인 수자따의 교만함을 참지 못하고 스승을 불러 가르침을 청하였다. 일곱 가지 유형의 부인이 있다는 것을 가르쳐 주는 대화가 소개되어 있다.

『우바새계경(優婆塞戒經)』
북방불교의 대장경 중 『율부(律部)』에 수록되어 있다. 대승불교의 재가신자가 지켜야 할 규범을 설명하고 있다. 이것은 남방 대장경에 있는 『선생경(善生經)』이나 『육방예경(六方禮經)』을 대승불교의 시각에서 해석한 것이다.

『육방예경(六方禮經)』
남방불교의 대장경 중 『디가니까야(長部經典)』에 수록되어 있는 경전이다. '슈리갈라에게 주는 교훈'이라고도 불린다. 부모와 자식, 스승과 제자, 부부, 노사, 친족, 승속 간의 관계를 설명한 생활지침서이다.

『율장(律藏)』 「대품(大品)」
석가가 정한 계율 규칙 모음집이다. 남방불교의 대장경 중 『비나야삐따카(律藏)』에 수록되어 있다. 원명은 『마하박가(大品)』이다.

『잡아함경(雜阿含經)』
북방불교의 대장경에 수록되어 있다. 천삼백육십이 편의 짧은 경전을 집대성한 것이다. 남방불교의 대장경 중 『상윳따니까야(相應部經典)』에 상응한다.

『장로게(長老偈)』
여성 장로의 노래『장로니게(長老尼偈)』와 더불어, 석가가 살아 있을 때 수행했던 제자들의 기록을 수집한 것이다. 남방불교의 대장경『쿳다까니까야(小部經典)』에 수록되어 있다. 제자들 본인의 신앙고백을 읽을 수 있다.

『장부경전(長部經典)』
남방불교의 대장경 중『디가니까야』를 가리킨다. 북방불교의 대장경 중『장아함경(長阿含經)』에 상응한다. 비교적 긴 경전 오십이 편이 수록되어 있다.『대반열반경(大般涅槃經)』을 비롯하여『범망경(梵網經)』『사문과경(沙門果經)』『육방예경(六方禮經)』등 중요한 경전이 포함되어 있다.

『중부경전(中府經典)』
남방불교의 대장경 중『맛지마니까야』를 가리킨다. 북방불교의 대장경『중아함경(中阿含經)』에 상응한다. 중간 길이의 경전 백오십이 편이 집대성되어 있다. 내용은 천차만별이다.

『중육모상경(衆育摸象經)』
남방불교의 대장경 중『쿳다까니까야(小部經典)』에 수록되어 있는『석가자설경(釋迦自說經)』중 한 편이다. 북방불교의 대장경『육도집경(六度集經)』에도 동일한 내용이 있다.

『증일아함경(增一阿含經)』
북방불교의 대장경『아함경(阿含經)』에 수록되어 있다. 짧은 경전 사백칠십이 편이 집대성되어 있다. 경전의 이름에 나오는 숫자로 분류되어 있다. 남방불교의 대장경『앙굿따라니까야(增支部經典)』에 상응한다.

『증지부경전(增支部經典)』
남방불교의 대장경 중『앙굿따라니까야』를 가리킨다. 북방불교의 대장경『증일아함경(增一阿含經)』에 상응한다. 사성제(四聖諦), 팔정도(八正道) 등 석가의 근본적인 가르침을 모은 이천구백팔 개의 경전으로 구성되어 있다.

옮긴이 **최성호**

서울대학교 사회학과 학부를 졸업하고, 서울대학교 철학과 석사를 받았다. 독일 뮌헨대학교(LMU)에서 불교학으로 박사 학위를 받았다. 서울대학교, 덕성여자대학교, 독일 라이프치히대학교 강사를 거쳐 현재 경남대학교 교양교육연구소 연구교수로 근무 중이다. 인도 불교철학 및 언어를 전공하고 있다. 마쓰나미 고도의 『백팔번뇌 이야기』를 번역하고, 『철학과 현실 현실과 철학』(공저), 『고전티벳어문법』(공역)를 비롯한 다수의 저작이 있다.

부처는 이렇게 말했다

초판 1쇄 발행 | 2025년 5월 16일

지은이	마쓰나미 고도
옮긴이	최성호
책임편집	양하경
디자인	윤철호

펴낸곳	(주)바다출판사
주소	서울시 마포구 성지1길 30 3층
전화	02-322-3675(편집) 02-322-3575(마케팅)
팩스	02-322-3858
이메일	badabooks@daum.net
홈페이지	www.badabooks.co.kr

ISBN   979-11-6689-334-6 03100